David Werker

MORGENS 15:30 IN DEUTSCHLAND

David Werker

MORGENS 15:30 IN DEUTSCHLAND

Handbuch für aufgeweckte Studenten

Langenscheidt

Berlin · München · Wien · Zürich
London · Madrid · New York · Warschau

Eingetragene (registrierte) Marken sowie Gebrauchsmuster und Patente sind in diesem Buch nicht ausdrücklich gekennzeichnet. Daraus kann nicht geschlossen werden, dass die betreffenden Bezeichnungen frei sind oder frei verwendet werden können.

MORGENS 15:30 IN DEUTSCHLAND
HANDBUCH FÜR AUFGEWECKTE STUDENTEN
DAVID WERKER

Layout: Dorothea Huber
Covergestaltung: Agentur Kopfbrand, München
Fotos: Matthias Fenkes
Coverfoto: Stephan Pick
Lektorat: Alexandra Bauer (textwerk, München)

Umwelthinweis: gedruckt auf chlorfrei gebleichtem Papier
© 2010 Langenscheidt KG, Berlin und München
Satz: kaltnermedia GmbH, Bobingen
Druck: Druckerei A. Plenk KG, Berchtesgaden
Printed in Germany
ISBN 978-3-468-73814-2
www.langenscheidt.de

Inhalt

Vorwort 007

Vor der Uni 009
GESAMTSCHULABI 3,6 – UND JETZT?! 009 | STUDIEREN, ABER WAS? 015 |
STUDIEREN, ABER WO? 021 | STUDIEREN, ABER WANN? 023 | WOHNUNGS-
SUCHE: FÜR 120 EURO WOHNEN WIE GOTT IN FRANKFURT! 025

An der Uni 043
DAS UNIGELÄNDE 043 | STUDENTENTYPEN: KLAPP DEN KRAGEN HOCH, UND
ICH SAGE DIR, WAS DU STUDIERST! 048 | MEIN PROF, DEIN PROF 065

Studentenleben 076
DAS STUDI-SURVIVALTRAINING – SO ÜBERLEBST DU OHNE MUTTI! 076 |
WG-MITBEWOHNER – DIE FREAKSHOW IM ZIMMER NEBENAN 086 | DIE
NATÜRLICHEN FEINDE DES STUDENTEN 096 | NEBENJOBS – MIT KLEINEN
TRICKS ZUM GROSSEN GELD! 105 | STUDENTENSTREIK 108 | LOST IN
TRANSPORTATION – STUDENTEN UNTERWEGS 112

Studentenleben XXL 119
WOCHENENDE 119 | „GenerationVZ": FLIRTEST DU NOCH, ODER GRUSCHELST
DU SCHON? 131

Immer Ärger mit der Uni 142
ARIAL 24 PT, ZEILENABSTAND DOPPELT – SO GELINGT JEDE HAUSARBEIT!
142 | PRÜFUNGSSTRESS: STUDENTEN IM AUSNAHMEZUSTAND 149

Student auf Abwegen 154
PRAKTIKUM: UNBEZAHLBARE UND UNBEZAHLTE EINBLICKE IN DEN JOB
VON MORGEN! 154 | STUDENTENURLAUB: AB IN DEN SÜDEN, AB NACH
HOLLAND! 162

Nach 18 Semestern 177
100 DINGE, DIE DU GETAN HABEN MUSST, BEVOR DU DEIN STUDIUM AB-
SCHLIESST! 177 | DAS GROSSE FINALE: DIE ABSCHLUSSARBEIT 178 | I HAVE
A TRAUMUNI! 182

Nachwort 187

DAVID WERKER

Der Germanistikstudent David Werker wird in den 80er-Jahren über Nacht zum Kind seiner Eltern. Es folgt die siebenjährige Stillzeit mit anschließendem Abitur in Krefeld. Nach erfolgreichem Abschluss der Schulausbildung wird David erst mal Praktikant. In einer Hamburger Werbeagentur textet er sich um Kopf und Kragen. Sein bekanntester Spruch: „Mindestens haltbar bis: siehe Flaschenhals". Nach Ablauf der Probezeit schmeißt David hin. Er will die Welt sehen, was erleben, er will dahin gehen, wo die Not am größten ist, und fasst den Entschluss, ein Soziales Jahr in einem Krisengebiet zu absolvieren. Man schickt ihn auf direktem Weg zum Studieren nach Siegen, Fachbereich: Germanistik. In der ausgedehnten Freizeit beschließt David, mit anderen Leidensgenossen über seine Probleme zu sprechen, und begeistert seitdem mit seinem ersten, eigenen Soloprogramm „Morgens 15:30 in Deutschland – Aus dem Leben eines aufgeweckten Studenten" die Massen! David Werker ist der Shootingstar und Hoffnungsträger der Deutschen Comedyszene und Gewinner der Talentschmiede des „Quatsch Comedy Clubs"! www.david-werker.de

Wo liegen die Tretminen im Studentenalltag? Was sollte man unbedingt wissen? Und was darf man getrost wieder vergessen? Der Werkeralarm verrät's dir auf einen Blick!

WERKERPEDIA: *Das praktische, kleine Nachschlagewerk für zwischendurch. Die wichtigsten Begriffe aus der Studentenwelt – top seriös recherchiert und fachkundig erklärt! Das bietet nur Werkerpedia!*

VORWORT

Hallo liebe Leserinnen und Leser! Schön, dass ihr euch für mein Buch entschieden habt! Hallo auch an alle Zuhörer, die sich von ihren Enkeln vorlesen lassen: Hallo liebe Seniorenstudenten!

Herzlichen Glückwunsch, ihr habt die richtige Wahl getroffen! Dieses Meisterwerk, dieser literarische Meilenstein, diese einmalige Sensation in der Geschichte der schnell mal aufgeschlagenen Bücher wird euer Leben, euer Studium – oder falls ihr keine Studenten seid, euren Blick auf das Studium, die Uni und deren Insassen – von Grund auf verändern!
Ein ganzes Buch nur übers Studium, über Studenten und Studentinnen – aber auch über Primi-Mäuse. Da muss anfangs die Frage erlaubt sein: Warum heute überhaupt noch studieren, wenn ich auch direkt Topmodel werden kann? Wozu der ganze Stress: die Vorlesungen, die Prüfungen, die Lernerei ...?! Wieso fast täglich aufstehen und sich in die Uni schleppen, um dann im überfüllten Hörsaal doch nur auf der Treppe zu sitzen?! Weshalb sollte man das alles überhaupt auf sich nehmen?
Weil die Mehrzahl der Akademiker gute Aussichten auf dem Arbeitsmarkt hat. Okay. Weil Bildung ein wesentliches und wertvolles Gut unserer Gesellschaft ist, auf dem unsere Nation ihren Wohlstand aufbaut. Jaja. Weil ein Studium die persönliche Entwicklung fördert und der Selbstverwirklichung dient. Hm, hm! ... Alles sehr richtig, alles sehr schön! Aber alles nicht entscheidend! Das Angenehme ist: Wir sind hier unter uns! Also brauchen wir gar nicht lange drum herumzureden. Der allerwichtigste Grund fürs Studieren lautet: Nie wieder – in deinem ganzen Leben nicht – wird es so einfach sein, auf einen Schlag

so viele, so nette Mädels[1] bzw. Jungs kennenzulernen! Der Campus ist das Sammelbecken der ganz großen Gefühle – oder zumindest finden auf ihm die groß angelegten, spektakulären Flirts statt! Täglich geht es hier eigentlich nur ums Sehen und Gesehenwerden: Man hängt zusammen auf dem Campus rum, hockt in denselben Seminaren und läuft sich in der Cafeteria über den Weg. Für die erste Kontaktaufnahme genügt dann oft schon eine Gemeinsamkeit. Du sagst zu ihr: „Hallo, sag mal, sind wir nicht zusammen in der Statistikvorlesung?"

Sie erwidert: „Nein, ich mach hier nur sauber." Und schon ist man im Gespräch!

Den Campus umgibt ein ganz besonderes Flair, das man einfach erlebt haben muss! Die Uni ist praktisch die Fortsetzung des Kindergartens mit verschärften Mitteln! Man könnte auch sagen, die Uni ist der Kindergarten für Erwachsene – oder für die, die auf dem Weg dahin sind! Ohne Eltern kann jeder endlich machen, was er will. Von außen mag das Ganze auf den ersten Blick vielleicht den Anschein von Ordnung und akademischem Anspruch erwecken, in Wahrheit aber geht es drunter und drüber! Einfach herrlich! Natürlich gibt es Vorlesungen, Klausuren und das Bafög-Amt, vor allem gibt es jedoch das süße Leben ohne Wecker, verrückte Leute ohne Berührungsängste und wilde Partynächte ohne Ende – wie könnte es schöner sein?

Schule war ganz nett, Rente mit 86 wird bestimmt auch super, aber sagen wir, wie's ist: Die Studentenzeit ist die beste Zeit deines Lebens! Ich wünsche viel Spaß dabei!

|1| *Und da stehen die süßen Primi-Mäuse selbstverständlich an erster Stelle!*

Vor der Uni

GESAMTSCHULABI 3,6 – UND JETZT?!

Abi – und was nun?! Eine Frage, die sich für viele nach 14 oder 15 Jahren Vollgas an der Schule stellt: Plötzlich bist du fertig, und dir stehen alle Tore offen! Ob Arzt, Anwalt oder Animateur, ob Geologe, Germanist oder Ghostbuster, ob Beamter, Bezirksrichter oder Bananenbieger: „Nichts ist unmöglich!", wie der Japaner sagt. Oder anders formuliert: Du bist frei! Wie konnte das nur passieren?! Da hast du dir dein Leben lang nichts Böses gedacht – okay, abgesehen von dem China-Böller in der Schmuckkiste deiner Schwester, als du sieben Jahre alt warst (einige Broschen sind dadurch durchaus schöner geworden!) –, hast mit Wasserfarben gemalt, Fangen gespielt und, als die Eltern weg waren, mit Deo plus Feuerzeug mal in Ruhe im Hamsterkäfig „Stirb langsam" nachgestellt. Kurz: Du warst glücklich ... was man von der Hamsterfamilie nicht unbedingt sagen kann! Und so gingen die Jahre vorüber ... Du hast dich zum ersten Mal verliebt und dir wurde zum ersten Mal das Herz gebrochen, fünf Minuten später hast du den Alkohol für dich entdeckt. Du hast Klausuren geschrieben und bist auf Partys gegangen. Du wurdest älter, aber es hat dich nicht gestört, besser noch, du hast es nicht einmal bemerkt! Du dachtest, das Ganze würde bis in alle Ewigkeit so weitergehen. Bis die Abschlussfahrt kam, die schriftlichen Prüfungen, die mündlichen Prüfungen ... und dann die Nachprüfungen. Und plötzlich hältst du dein Abizeugnis in der Hand! Und auf einmal ist alles anders: Der Wecker klingelt, und du gehst nicht in die Schule! Gut, für viele ist das nicht wirklich was Neues – doch jetzt *musst* du es nicht mehr! Was ist da bloß los?

War es nicht erst gestern, dass wir alle mit kindlichem Gemüt umhertollten und nicht wussten, was wir taten? Doch, äh, das war gestern, und wir waren rappelvoll ... aber das ist eine andere Geschichte! War es nicht auch erst gestern, dass wir mit strahlenden Augen unsere Schultüte in der Hand hielten (erst die große mit den Geschenken drin, später dann die unwesentlich kleinere mit den Kräutern) und gestaunt haben über die Schule, die Lehrer und die kniffligen Additionsaufgaben, die über den Zehner drüber gingen ... Und jetzt soll das alles plötzlich nicht mehr sein? Vom einen auf den anderen Tag? Vergessen und vorbei? Jaha, so sieht es aus! Jetzt können wir tatsächlich tun und lassen, was wir wollen! Ein Leben lang, super! ... Nur, äh, was genau?

Natürlich ist es normal, dass einen die schier unendliche Auswahl an Berufen erst mal überfordert: Da stehst du nun und kommst dir vor wie ein Ossi '91 auf dem Gemüsegroßmarkt! Die Macht der Gewohnheit sollte man nach 13 plus x Jahren Zuspätkommen, Unterrichtschwänzen und heimlichem Rauchen auf der Toilette keinesfalls unterschätzen! Gefangene, die eine lange Haftstrafe abgesessen haben, berichten häufig, sie könnten sich ein Leben außerhalb der Gefängnismauern gar nicht mehr vorstellen. Ähnlich ergeht es einem Viertel aller Abiturienten nach der Schule. Der nahe liegende Ausweg lautet: Ich studier auf Lehramt! Quasi das System mit den eigenen Waffen schlagen, so is es richtig!

Ganz klar: Drücken ist immer eine gute Möglichkeit – auch nach der Schule! Andere Abiturienten sind da furchtloser, nehmen das Ganze sportlich wie ein Sumoringer bei der Arschbombenweltmeisterschaft und rufen: „Ich springe jetzt einfach!" Um nach der Schule nicht gleich ins kalte Wasser geworfen zu werden, hat der Staat aber zum Glück eine Puffer-zone eingerichtet, in der sämtliches Wissen aus den 13 plus x Jahren auf einen Schlag weggesoffen wird: den Zivildienst! Wer den Dienst an der Windel nicht mit seinem Gewissen ver-einen kann, dem bleibt die Verweigerung und der Wehrdienst. Man hat also die Wahl: Auf der einen Seite der harte Einsatz an der Front mit Schmutz, Dreck und menschlichem Elend – auf der anderen die neun Monate Party beim Bund.

Während sich die Jungs so, staatlich subventioniert, innerhalb weniger Monate auf die eine oder andere Weise alles aus der Birne brennen, was entfernt an Wissen erinnert (die drei biolo-gischen Formeln, der berühmte Satz des Pythagoras: „Mathe is ein Arschloch!", sowie sämmtliche Reschtchreibregäln), gewin-nen die ohnehin reiferen Mädels ein weiteres Jahr Vorsprung und ziehen auf der bildungstechnischen Überholspur davon! Fairerweise muss man zugeben, dass sich heute mehr und mehr Frauen mit den Männern solidarisieren und selbstlos ein Frei-williges Soziales Jahr absolvieren! Mittlerweile können sie so-gar in die Bundeswehr eintreten – vollkommen zu Recht, wie ich finde! Vorbei sind die schlimmen Zeiten, in denen Damen mit Gewehr und luftiger Tarnkleidung ausschließlich nachts durchs DSF robben durften! Pfui! Trotzdem: Die Jungs müssen, die Mädels dürfen müssen. Da wundert es einen nicht, dass viele junge Männer hinterher die Reißleine ziehen und beschlie-ßen, sich erst mal vom Zivistress bzw. Bundeswehrkater zu erholen ... weit, weit weg, irgendwo in Indien, Australien oder Österreich. Dort treffen sie dann auch häufig auf verschollen geglaubte Freunde, die schon früher alle Verbindungen nach Hause gekappt haben, um sich dem Zugriff des Kreiswehrersatz-amts zu entziehen.

 *Falls dir die Musterung eventuell noch bevorstehen sollte, hier ein paar Tipps. Schließlich ist es die erste Prüfung in deinem Leben, die du nicht bestehen willst!*

Um bei der Musterung durchzufallen, kannst du zum Beispiel: nicht nur husten, wenn du dazu aufgefordert wirst, sondern die ganze Zeit: husten! Du solltest so stark husten, dass du selber vom Husten anfangen musst zu husten, entschuldige dich und huste erst mal in Ruhe ab, stell dich dann wieder hin und krümm dich so sehr vor Husten, bis der Arzt die Untersuchung abbricht, press eine gehustete Entschuldigung hervor, verabschiede dich höflich und vergiss dabei auf keinen Fall zu husten. Draußen vor der Tür bewegst du dich nicht vom Fleck, sondern hustest so lange derartig laut und übertrieben weiter, bis der Arzt die Tür aufreißt und dir gehörig was hustet!
Die gezielte körperliche Manipulation kann diese Vorgehensweise zur Ausmusterung noch verstärken. Dazu einfach die Quietschpfeife aus dem Gummiknochen deines Hundes ausbauen und runterschlucken. So pfeifend wie ein Trabbi am Brenner, simuliert man perfekt ein chronisches Asthma! Wahlweise kann man aber auch die ganze Nacht – mindestens zehn Stunden – mit einem Bein auf dem Bürgersteig und mit dem anderen auf der Straße humpelnd verbringen, sodass man morgens mit einem souverän vorgetragenen Beckenschiefstand und chronischer Beinverkürzung feierlich ausgemustert wird!
Dann, sehr schön, aber nicht ganz einfach zu realisieren: Geschwister (er)finden! In der BRD muss der dritte Sohn nicht zum Bund. Das bedeutet: Sollte Natascha Ochsenknecht noch einen Jungen auf die Welt bringen, waren Jimi Blue und Wilson Gonzalez wenigstens für irgendetwas gut! Für dich persönlich

heißt das: Entweder du hast zwei ältere Brüder, dann bist du raus aus der Nummer, oder dein Vater führt ein Leben wie Franz Beckenbauer, dann lohnt sich die ausgiebige Recherche! Ansonsten könnte dich die Diskussion mit deinen Eltern weiterbringen, ob man in diesen Zeiten nicht ein gutes Herz zeigen und ein bis zwei 25-jährige Tsunami-Waisen adoptieren sollte. Die Möglichkeit, die nun beschrieben wird, ist offiziell kein Grund zur Ausmusterung – selbstverständlich nicht! Wo kämen wir da hin? Liegt dein Kreiswehrersatzamt allerdings in einer sehr ländlichen Gegend, ist die Sache einen Versuch wert: Zieh dich also einfach an wie eine Horde Bahnhofstunten aus der Uckermark und dann im Trippelschritt ab zur Musterung! Dort musst du natürlich unbedingt deine Rolle weiterspielen, also anstatt dem Assistenzarzt zur Begrüßung die Hand zu geben, erst mal wacker dem Weißkittel an die Kronjuwelen gelangt! Der Rest sollte dann von alleine laufen. Falls nicht, heißt das: nachlegen! Beim EKG (Eierkontrollgriff) einfach mal dem Stabsarzt zärtlich ins Ohr stöhnen, spätestens dann hast du bei den Olivgrünen (inoffiziell natürlich nur) lebenslanges Hausverbot!

Das letzte Mittel ist eine sichere Sache, allerdings nur was für Festentschlossene, es lautet: Amputation! Nimm deinen Körper mal genauer unter die Lupe, vielleicht findest du etwas, auf dessen Verwendung du in Zukunft verzichten kannst: eine Hand, einen Hoden, einen eingewachsenen Zehennagel. Aber Vorsicht! Mit Skalpell und Spreizer treibt man keine Scherze! Bei Eingriffen, bei denen dir deine Kumpels ein paar innere Organe entfernen wollen (Milz, Niere, innerer Schweinehund), unbedingt auf die Assistenz eines Fachmanns bestehen! Vielleicht kennst du ja einen Metzger, der sich hierfür zur Verfügung stellt – oder Opa war an der Ostfront, dann ist er der richtige Mann für narkosefreie Operationen aller Art.

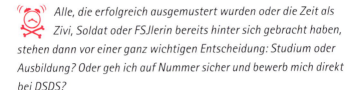 *Alle, die erfolgreich ausgemustert wurden oder die Zeit als Zivi, Soldat oder FSJlerin bereits hinter sich gebracht haben, stehen dann vor einer ganz wichtigen Entscheidung: Studium oder Ausbildung? Oder geh ich auf Nummer sicher und bewerb mich direkt bei DSDS?*

Ausbildung hat den klaren Vorteil: es gibt Knete! Studium hat den Nachteil: es gibt keine! Im Gegenteil, an den meisten Unis musst du fürs Nichtstun auch noch bezahlen! Eine himmelschreiende Ungerechtigkeit, die in der Evolution einmalig ist. Milliarden von Jahren haben Einzeller, Amphibien, Säugetiere und Postangestellte nichts anderes getan, als rumzuhängen und sich fortzupflanzen. Der Student ist die erste Spezies, die dafür zur Kasse gebeten wird! Gut, die allerersten Einzeller mussten im Endeffekt ebenfalls bezahlen – sie sind ausgestorben. Aber da das Millionen von Jahren gedauert hat, ist das ein Preis, den der Student an sich billigend in Kauf nehmen würde. Hier kann ich nur sagen: Nach uns die Sintflut!
Im Gegensatz zur Ausbildung hast du an der Uni keinen unmittelbaren Vorgesetzten, der dir die Hölle heißmacht ... aber keine Sorge, darum kümmern sich dann deine Eltern. Das vorteilhafte an einer Ausbildung ist, dass du später einen Job findest und dein Leben lang damit Geld verdienst. Viele Individualisten lassen sich allerdings nicht gerne in solch ein vorgefertigtes Korsett zwängen, außerdem verunsichert sie so viel scheinbare Sicherheit! Und noch einen schwerwiegenden Unterschied gibt es, den du berücksichtigen musst: Die Ausbildung dauert in der

Regel drei Jahre, im Studium hast du nach dieser Zeit meistens grade erst kapiert, wo die Uni überhaupt ist!

Hast du dich am Ende fürs Studieren entschieden, prima, dann hast du das richtige Buch erwischt – und es kann jetzt auch gleich losgehen! Also, fast ...

STUDIEREN, ABER WAS?

Wer naiv davon ausgeht, dass Studieren doch eh nur Party, Mädels und Saufen bedeutet, der liegt komplett daneben! Aber so was von! Studieren ist nämlich auch: Kiffen, Sex und Rock 'n' Roll! Aber in der Tat darf die Auswahl an verschiedenen Studiengängen nicht unterschätzt werden. Deshalb lohnt es sich, bei der konkreten Studienwahl etwas genauer hinzusehen. Auf gut Deutsch heißt das: Bei der Einschreibung sollten deine Augen offen sein wie die Ladeluke einer albanischen Autofähre!

Wer seine individuelle Freiheit liebt, wer gerne auch mal in der Nacht von Montag auf Mittwoch auspennen möchte, der wird im Studiengang Jura nicht automatisch glücklich. Wer den Sonnenbrillenverkäufer auf Mallorca von zehn auf 20 Euro hoch handelt und bei Hypotenuse an eine griechische Göttin oder an Hausverschuldung denkt, der sollte vielleicht die Finger von Wirtschaftsmathematik lassen. Übertriebene Scheu oder gar Angst vor dem vermeintlich schwierigen Fach Medizin ist hingegen unnötig: Als ausreichend qualifiziert gilt hier schon, wer gleichzeitig Messer und Glas halten kann.

Auf der Suche nach dem passenden Studiengang müssen natürlich auch geschlechtsspezifische Aspekte berücksichtigt werden. Hierzu ist es eindeutig von Vorteil, wenn man erstens weiß, zu welchem Geschlecht man gehört[2], und zweitens, zu welchem Geschlecht man sich hingezogen fühlt. Mit der Kombination weiblich heterosexuell fallen beispielsweise bestimmte Studiengänge aus. Oder anders formuliert: Du suchst einen Mann, mit dem du mehr teilen kannst als nur deine Enthaarungscreme?! Und du entscheidest dich für das hübsche Fach Kunstgeschichte ... tja, wie soll ich sagen: äh, viel Glück! Die Hoffnung stirbt zuletzt! Es soll ja sogar heterosexuelle Schiedsrichter geben!

Wenn man sich so seine Gedanken über ein mögliches Studium macht, stößt man auch auf einen Faktor, der die Studienwahl, den Studienverlauf sowie den theoretisch möglichen sogenannten Studienabschluss[3] maßgeblich beeinflusst. Dieser Faktor besteht aus einem passiven Teil M und einem aktiven Teil V und ist allgemeinsprachlich bekannt als Eltern.

In den oftmals hitzigen Verhandlungen am heimischen Küchentisch, die nach zwei Stunden vom aktiven Teil V des Faktors Eltern gerne mit Sätzen beendet werden wie: „So lange du deine Füße auf meinen Tisch legst ...", kommt es oft zu Missverständnissen, die sich anhand folgender Tabelle relativ schnell aufklären lassen:

|2| *Schau dich dazu einfach in deinem Zimmer um: Sind deine Wände in verschiedenen Farben gestrichen? Siehst du jede Menge Fotos von dir und deinen Freundinnen? Stehen überall Kerzenständer herum? Dann bist du ein Mädchen oder du wohnst in Köln.*

|3| *Am Ende der Studienzeit, wenn in der Regel der Studienabbruch und die Exmatrikulation wegen fehlender Rückmeldung erfolgt, kann in hartnäckigen Einzelfällen auch der erfolgreiche Studienabschluss stehen. Beim Abbruch spricht man heute neudeutsch vom sogenannten Bachelor, der erfolgreiche Abschluss wird zumeist als Master bezeichnet.*

VATER INTERESSIERT	SOHN INTERESSIERT
Studiengang xy: Wie viel Prozent der fertigen Studenten finden einen Job?	Studiengang xy: Wie viel Prozent der weiblichen Studenten finden in mein Bett?
Wird gut bezahlt?	Muss ich bezahlen?
Wird der Abschluss auch im Ausland anerkannt?	Geht auch Französisch, Griechisch, Spanisch?

Die schnelle Erkenntnis ist: Selbst wenn die Eltern nicht wirklich mitstudieren, irgendwie tun sie's ja doch! Die Entscheidung für oder gegen einen Studiengang hängt also leider immer auch zu einem gewissen Teil vom Humor der Erzeuger ab. Picken wir uns dazu mal ein ganz gewöhnliches Beispiel raus: Vadda ist 60 Jahre, Bergarbeiter und muss nur noch 15 Jahre bis zur Rente, du hast dich folgerichtig für die erzkonservative Kombination Afrikanistik mit ein bisschen Altphilologie entschieden, und jetzt sitzt ihr gemeinsam am Küchentisch ... Ich sag mal so: Mit ein bisschen Glück ist in einer Woche die gröbste Schwellung weg! Allerdings siehst du nur noch schwarzweiß – und das immer noch in 16 : 9!
Ein anderes Beispiel: Vati ist seit dem letzten Pilztrip[4] irgendwie nicht mehr so ganz der Alte! Wenn er nicht draußen im Garten

---

|4| *Pilz ist in Dortmund ja auch ein Bier!*

um das Tipi tanzt, batikt er heimlich Muttis Satinbettwäsche oder liest die „taz" ... In dem Fall: Studier, was du willst! Du kannst deinen alten Herrn gar nicht beleidigen – es sei denn, du wirst irgendwann fertig!

Für die meisten dürfte sich die Relevanz des Faktors Eltern irgendwo zwischen diesen beiden Extremen einpendeln. Ausschlaggebend fürs Studium sollten ja letztendlich die persönlichen Interessen[5] sein. Um sich darüber überhaupt erst mal klar zu werden, kannst du umständliche und manchmal gar nicht so billige Berufseignungstests machen, oder du sparst dir den Quatsch und schaust einfach in folgende Liste:

BERUFSBERATER FRAGT	BERUFSBERATER MEINT
„Können Sie sich eine Tätigkeit unter freiem Himmel vorstellen?"	Macht es Ihnen irgendetwas aus, wenn die Schlange bei der Agentur für Arbeit bis vor die Tür reicht?
„Sind Sie flexibel?"	Würden Sie alles stehen und liegen lassen, um für drei Jahre auf Ein-Euro-Basis in Japan Rinder zu massieren?

|5| *Oft empfiehlt es sich, bei der Wahl des Studienfachs ein wenig über die grundpersönlichen Interessen hinauszugehen: Alkoholismus und Pornografie sind hübsche und beliebte Fachrichtungen, werden an westeuropäischen Hochschulen jedoch viel zu selten angeboten.*

„Sind Sie anpassungs- und teamfähig?"	Würde es Sie denn sehr stören, wenn Sie die gleiche Verpflegung erhalten wie die anderen Rindviecher?
„Wie hoch soll Ihr Einstiegsgehalt sein? Brutto im Jahr, Urlaubs-, Weihnachtsgeld und Leistungsprämien natürlich miteingerechnet."	Har, har, har! Und wovon träumen Sie nachts?!

Auf dem Schirm haben sollte man auch, dass in Einzelfällen die persönlichen Interessen gegenüber ökonomischen Aspekten besser hintenan gestellt werden. Es ist vom Prinzip her absolut nichts Verkehrtes daran, wenn du sagst: „Ich trag die Fahrradlampe furchtbar gerne am Stirnband und meine Noten sind unterirdisch: Ich werde Bergarbeiter – genau wie mein Vater!" Mit diesem Masterplan darfst du dich allerdings nicht wundern, wenn man dir in Zukunft irgendwann weniger Kreditwürdigkeit bescheinigt als Franjo Pooth und den Lehman Brothers zusammen.

Die Wahrung eines realistischen Verhältnisses zwischen Wunsch und Machbarkeit ist auch nicht zu unterschätzen: Wenn es mit der Feingliedrigkeit deiner Physiognomie nur so weit her sein sollte, dass du ein Telefon überhaupt erst bedienen kannst, seitdem es keine Wählscheiben mehr gibt, solltest du vermutlich nicht überlegen, Zahntechniker oder Pianist zu werden.

Sekundärliteratur für das Traumstudienfach „Pornografiewissenschaften"

Ansonsten gilt das alte Motto: Es ist alles erlaubt, was Spaß macht! Und: Es gibt nichts, was es nicht gibt! Die Studiengänge reichen heute von den soliden Karriereklassikern BWL, Medizin und Sozialpädagogik bis hin zu absolut abgedrehten Fächern, die nur für Freaks geeignet sind, wie Angewandte Konsolenspiellehre, Bachelor of Social Networking und Jura. Und vor allem: Selbst wenn du irgendwann erkennst, dass du dich für das falsche Studium entschieden hast, es ist trotzdem nichts verloren! Der unscheinbare Rudi Cerne hat auch mal als kleiner Eiskunstläufer angefangen, und heute jagt er im ganz großen Stil Verbrecher bei „Aktenzeichen XY"!
Hast du dich irgendwann für eine Fachrichtung entschieden, also das Was beantwortet, schließen sich zwei weitere nicht weniger knifflige Fragen an.

STUDIEREN, ABER WO?

Blöde Frage! Natürlich: an der Uni! Im Grunde richtig gedacht, nur ist Uni nicht gleich Uni. Auch ohne dagewesen zu sein, hört der Laie raus, dass „Hawai'i Pacific University" nach mehr klingt, als „Technische Gesamthochschule Hodenhagen" zu versprechen in der Lage ist. Selbst wenn wir uns auf die BRD beschränken, kann ein steiles Gefälle in der Sexyness der deutschen Unistädte nicht wegdiskutiert werden! Hier muss ein jeder die Sache am Ende allein und ausschließlich vor sich selbst verantworten können: Du bist es, der die Strecke von Hinterwäldleringen nach Hause alle drei Wochen im kohlebefeuerten RE (Abkürzung für Reichsexpress) wird bewältigen müssen, den großen Sack schmutziger Wäsche und einen noch größeren Hass auf die Welt im Schlepptau – niemand anderes sonst! Überleg dir gut, ob du das willst, ansonsten frag schon mal deine Oma, wie das damals war mit der Kinderlandverschickung! Viele handhaben es da wie bei der Pizzabestellung und sagen: „Na, dann nehm ich doch Hawaii!" Das ist clever, nur hinkt dieser Vergleich leider an einem entscheidenden Punkt. Bei der Wahl der Pizza steht es nicht zur Diskussion, ob sich die Pizza umgekehrt für dich entscheidet, bei der Wahl der Uni leider schon! Getreu dem Motto: Sag mir, an welcher Uni du studierst, und ich sage dir, welchen Abischnitt du hast! So hängt einem der kleine Patzer in Reli mündlich – „Am 24.12. feiern wir den Geburtstag vom Weihnachtsmann!" – leider irgendwie ein Leben lang nach.

Der Numerus clausus (NC) ist damit auch der erste natürliche Feind, dem wir auf unserer Pirsch durchs akademische Dickicht begegnen! Und er soll weiß Gott nicht der letzte bleiben ...

Neben der direkten Bewerbung an der Hochschule – hier ist in der Regel der NC entscheidend, in Einzelfällen finden auch individuelle Prüfungsverfahren statt – gibt es die weitaus perfidere und sadistischere Studienplatzvergabe über die ZVS: die „Zentrale Vernichtungsstelle von Studententräumen". Hier ist nur der NC entscheidend. Zwar kannst du Wünsche angeben, aber bevor die berücksichtigt werden, kannst du deinen Studienplatz auch gleich beim Universum bestellen![6] Eine Bewerbung über die ZVS frustiert einen genauso wie die Anmeldung bei einem kostenpflichtigen Flirtportal: Hier werden dir Städte wie Berlin, München und Hamburg in Aussicht gestellt, dort Frauen wie Pamela Anderson, Angelina Jolie und Penélope Cruz versprochen – und am Ende sitzt du in Magdeburg mit dem Sänger von Tokio Hotel!

Wenn du da zu der kleinen Gruppe zählst, die schon ein Soziales Jahr in einem Krisengebiet absolviert hat, bist du auf den Kulturschock eindeutig besser vorbereitet als deine Kommilitonen. Allerdings gibt es bei dem, was ein einzelner Mensch städtebaulich verkraften kann, Grenzen! Man sollte sich erst gar keine Illusionen machen, von wegen: Wird schon nicht so schlimm sein! Man muss erst von der ZVS ans Ende dieser Republik geschickt werden, um zu glauben, dass es in der BRD heute noch Städte gibt, die aussehen, als seien die Russen gerade abgezogen. Mich haben mal in Siegen zwei fassungslose Austauschstudenten zur Seite genommen und erschüttert gefragt, was denn hier passiert sei. Und die beiden kamen aus Bagdad. Die zweite Frage, die sich anschließt, lautet:

|6| *In diesem Fall musst du zumindest keine lästigen Anmeldefristen beachten, denn Zeit ist hier relativ!*

STUDIEREN, ABER WANN?

Blöde Frage! Natürlich ab 15:30 Uhr! Im Grunde richtig gedacht, nur ist 15:30 Uhr im Oktober 2011 nicht gleich 15:30 Uhr im Oktober 2211! Will sagen: Wer mit einem donnernden Paukenschlag von 3,6 die Schule abgeschlossen hat, der wartet auf seinen Studienplatz mitunter länger als der 1. FC Köln auf die Meisterschaft. Da ist ganz klar im Vorteil, wer noch einen Haufen Kettenmails weiterzuleiten hat, wer schon immer mal die „Herr-der-Ringe-Trilogie" im Zeitlupenmodus angucken wollte, wer gerne der Tapete beim Vergilben zusieht oder wer sonst irgendwie sinnvoll die lächerlichen elf Wartesemesterchen totzuschlagen weiß!

An dieser Stelle schaltet sich gerne bzw. zwangsläufig Teil V des Faktors Eltern in die Diskussion ein – mit Sätzen wie: „Dann gehst du halt solange arbeiten! Hände, die zupacken können, werden immer gebraucht!"

Du erwiderst schockiert: „Ich will aber nicht auf den Bau, ich will was mit Medien machen!"

Teil V des Faktors Eltern brüllt: „Du willst was mit Medien machen? – Dann trag Zeitungen aus!!!"

Jetzt musst du handeln! Der ehrlichste, aufrichtigste und schnellste Weg zum Studienplatz ist: Photoshop öffnen und Zeugnis fälschen! Die meisten verzichten allerdings darauf – aus moralischen Gründen, aus Angst vor dem schlechten Gewissen und der strafrechtlichen Verfolgung oder einfach, weil ihre Kenntnisse in Photoshop nicht ausreichen. Zweite Möglichkeit: Du überdenkst deine Studienwahl. Das fühlt sich schon unangenehmer an, weil du hier eventuell zu deiner eigenen Selbstüberschätzung stehen musst. Trotzdem solltest du dich fragen: Ist Atomphysik wirklich das Richtige für mich?

Muss es unbedingt Harvard sein? Oder sollte ich mich nicht auch noch in Yale bewerben – nur zur Sicherheit?! Dritte Möglichkeit: Reinklagen! Im juristischen Wirrwarr verliert man schnell den Überblick. Dabei ist es theoretisch und praktisch für jeden Abiturienten möglich und zulässig, das persönliche Recht auf ein frei wählbares Studium durchzusetzen! Hier der Originaltext: „Jede Person mit erworbener Hochschulzugangs-berechtigung hat das Recht auf einen frei wählbaren Studien-platz, auf den Erwerb von Bildung und auf fünf Prozent Rabatt im Spaßbad!" Auszug aus § 5 Abs. 2 der Grundordnung der Internationalen Studentenkommission OCB, Amtssitz Amster-dam. Grundsätzlich ist die Sache also klar!

Trotzdem: Man hat in der Regel nur einen Versuch! Und der muss sitzen! Reinklagen ist deshalb nur etwas für geradlinige Gemüter, die bereit sind, die Sache konsequent durchzuziehen, ohne dabei zwischendurch komplett den Dings, den … äh … den … na, den … hier – nicht Nadel, sondern … äh … den Garn! Nein, nicht Garn, den … äh, nicht komplett den … na, isses denn?! Den … Da beißt die Maus keinen Dings ab, den … na, verdammt, was beißt das Scheißvieh ab? Den … richtig! Nicht den Faden zu verlieren, genau! Nicht komplett den Faden zu verlieren, ist nämlich ganz wichtig bei … äh ja, bei was noch mal? Außerdem muss man sich vor dem Reinklagen nach passenden Eltern um-sehen, die bereit sind, die Anwaltskosten zu übernehmen.

Wie dem auch sei, ob mit gutem Abi oder schlechtem, ob über den ersten, zweiten oder dritten Bildungsweg, ob im ersten Anlauf oder nach der zehnten Bewerbung – früher oder später findet jeder einen Studienplatz. Und wenn's wirklich mal länger dauert, man gar nicht mehr weiß, wohin mit sich, einem bei dem schnöden Zeitüberbrückungspraktikum im Stadtarchiv die

Decke auf den Kopf fällt ... Es gibt ja keine Regel, die untersagt, dass auch Abiturienten in den „Big-Brother"-Container einziehen dürften!

WOHNUNGSSUCHE: FÜR 120 EURO WOHNEN WIE GOTT IN FRANKFURT!

Natürlich ist der „Big-Brother"-Container nur die allerletzte Notlösung, noch nach der Bahnhofsmission und dem Gästesofa bei „Die Ludolfs"! Und trotzdem: Irgendwann ist die Stunde gekommen, in der man realisiert, dass es einem Daheim zu eng und der Mief der längst vergangenen Kindertage zu viel geworden ist. Die nahe liegende Lösung lautet: Die Eltern müssen raus! Da dieser logische Plan allerdings in den seltensten Fällen aufgeht, muss sich zwangsläufig nach Alternativen umgesehen werden. Die etwas beschwerlichere lautet: Du selbst musst raus! Und damit auch die Pumucklbettwäsche, die He-Man-Figurensammlung, die in knapp zwei Jahrzehnten angesammelte Tonne brettharter Heftchen „von unterm Bett" und die Brio-Eisenbahn. Kurz: Dein gesamtes Kinderzimmer – all die Stunden Fingerfarbenmalen, Carrerabahnfahren, Super-Nintendo-Spielen und Urzeitkrebsezüchten ... – wird lieblos in 15 braune Pappkartons umtransformiert und vor die Tür gesetzt. Da „vor der Tür" sich aber nicht wirklich nach einer Adresse anhört, mit der man beim Einwohnermeldeamt punkten könnte, lautet die ganz große Frage nun: Wohin? Na, ganz klar: Die Zeit ist reif für das erste eigene Zuhause[7]!

|7| *Von den neun Monaten im Mutterleib, dem Baumhaus und der Kuschelhöhle in der Kindergartenspielecke mal abgesehen.*

„Schnuckelige 1-Zimmer-Wohnung mit verschiebbarem Panoramadach"

Theoretisch gibt es jetzt die aufregendsten Behausungsmöglichkeiten zu besichtigen. Mietobjekte mit so vielversprechenden Bezeichnungen wie Maisonette, Apartment, Loft ... – meine erste eigene Wohnung heißt: Loch! Winzig, dunkel, eng, manchmal denke ich echt: Meine Fresse, wenn man ein Arschloch tapezieren könnte, dann würde ich drin wohnen! Aber der Reihe nach. Zunächst mal ist es traurig, jedoch wahr, dass die Seniorsuite erst mal warten muss, selbst die Juniorsuite wird finanziell eng. Nachdem du dich ja fürs Studieren entschieden hast, ziehst du nun los und musst irgendwas finden für 80 oder 90 Euro warm – da siehst du halt die meiste Zeit Löcher! Die ganze Sache ist aber durchaus nicht unspannend: Man macht sich ja gar keine Vorstellung, was im Wohnbereich architektonisch und hygienisch auch bei uns in Westeuropa alles vermietet wird! Mitunter werden dir Wohnungen vorgeführt, wo die Feuerstelle nur durch eine gleichermaßen wacklige wie abenteuerliche Lamellenschiebetürkonstruktion vom Plumpsklo abgetrennt ist. Das Einzige, was noch fehlt, sind die Höhlenmalereien an der Wand! Ein Tag lang die günstigsten Mietwohnungen besichtigen und du fängst dir mehr ein als in zwei Wochen Ägyptenurlaub.

Teilweise werden diese Löcher dabei sehr kreativ vermarktet, das muss man den Vermietern jedenfalls lassen! In den Kleinanzeigen stolperst du meistens über Inserate wie: „Modern geschnittenes 0,5-Zimmer-Apartment, Nähe Parterre". Und wenn du aus Neugierde mal anrufst: „Was heißt denn eigentlich ‚Nähe Parterre'?", ist die Antwort: „Ja, die Wohnung ist im Keller!"

Um von vorneherein wirklich auf alles vorbereitet zu sein, hier die häufigsten Formulierungen in Kleinanzeigen und ihre Bedeutung:

in Uninähe	Die Wohnung ist *nicht* in Uninähe – oder zumindest nicht in der Nähe deiner Uni!
in direkter Uninähe	Die Wohnung ist 20 Autominuten von der Uni weg!
in unmittelbarer Uninähe	Die Wohnung ist 20 Busminuten von der Uni weg!

in der Uni	Der Uni-Hausmeister will sich durch die Untervermietung seiner Hausmeisterloge einen kleinen, nicht zu versteuernden Nebenverdienst sichern!
ruhig	Das trifft auf jeden Fall zu! Die Wohnung ist ruhig, weil das Haus, in der sie sich befindet, das einzige ist, welches auf dem Friedhof steht!
hell	Die Wohnung verfügt über Milchglasfenster, die wahnsinnig viel Licht reinlassen – allerdings erst, wenn das Gerüst davor übernächsten Sommer abgebaut wird!
Neubau	Das Haus wurde nach dem Krieg *neu* hochgezogen und hat seitdem keinen Eimer Farbe mehr zu Gesicht gekriegt!
gute Anbindung an den ÖPNV	Hinter dem Haus rattert alle zehn Minuten die S-Bahn vorbei, ab ein Uhr nachts dann – was für ein absoluter Glücksfall – nur noch alle halbe Stunde der Güterzug!

im Grünen	Am Arsch der Welt, weiter weg vom Stadtzentrum geht's nun wirklich nicht mehr. Hier sagen sich Fuchs und Hase gute Nacht – wer's mag?! Kann ja auch schön sein auf dem Land: Morgens rothaarige Frauen durchs Dorf jagen, mittags 'nen kleinen Quicky an der Melkmaschine und abends in Ruhe Ufos sichten!
Haustiere erlaubt	Die nicht erlaubten Karnickel des Vormieters haben alles angenagt und zugeschissen – jetzt ist es auch egal!

Die eigentlichen Wohnungsbesichtigungen verlaufen dann immer relativ ähnlich: Da kann das Viertel noch so schön sein, da kann die Straße noch so schön sein, in jeder gibt es mindestens ein Haus, bei dem du genau erkennst: Oh, Scheiß … *das* muss es sein! Ein Haus, das nur noch steht, weil es von den Häusern links und rechts gehalten wird! Du stehst davor, bist extra den ganzen Weg gefahren und beruhigst dich selbst: Komm, ist ja erst mal egal, wie es von außen aussieht, ist ja nur wichtig, wie es von innen wirkt! Und dann gehst du rein und sagst: „ … äh … kann ich's noch mal von außen sehen?!" Aber ganz egal, wie jämmerlich die Wohnung ist, der Vermieter fängt gleich an, sie aufzuwerten: „Alles renoviert, hier wurde viel gemacht!"

„Wat? An Lorielle London wurde viel gemacht, aber bestimmt nicht an der Wohnung!"

„Jaa, doch, holen Se mal tief Luft! Und, is wat?"

„Nee."

„Sehen Se? Der Leichengeruch, wie weggeblasen!"

„... ahh!"

„Der Kamerad hat hier drei Wochen gelegen, ehe wir ihn gefunden haben ... ach, übrigens, wollen Se das Bett mit übernehmen?!"

„Äh, nein danke ... ich schlafe in der Uni!"

Ich weiß noch: Als ich meine Wohnung schließlich gefunden habe, war ich zuerst ein bisschen irritiert bei dem Besichtigungstermin. Ich dachte: Hallo? Warum fährt denn der Aufzug jetzt nicht los? Bis ich kapiert hab: das *ist* schon die Wohnung! ... War ich ein bisschen enttäuscht, doch! Denn zuerst hatte ich angenommen: Krass, sogar im Aufzug gibt es schon 'ne Toilette und 'ne Kochnische – wie sieht dann erst die Wohnung aus?!

Falls du noch auf der Suche und nicht ganz sicher bist, welche Wohnart überhaupt die richtige für dich sein könnte, hier die beliebtesten Möglichkeiten im Schnelldurchlauf:

WG

Die natürlichste Art der studentischen Behausung ist die Wohngemeinschaft, kurz: WG. Es gibt sie in unterschiedlichen Größen – von klein (du und dein Hamster) über mittel (fünf Bewohner) bis groß (zehn Bewohner plus fünf bis zehn Leute, die ständig wechseln, die keiner wirklich kennt und die „nur

eben für eine Nacht", aber dann doch für vier Wochen bleiben).
Ein klarer Nachteil, der bei einer WG leicht unterschätzt wird:
Du wohnst nicht alleine! Damit du dich als „Wohnanfänger"
hier auf Anhieb wohlfühlst, solltest du den Umgang mit anderen Menschen wirklich lieben! Wer aber sagt: „Der schönste
Moment meines Geburtstags ist der, wenn endlich alle Gäste
gegangen sind!", dem würde ich von einer WG tendenziell eher
abraten. Denn eins ist klar: Hier geht ganz sicher keiner. Und
es benimmt sich auch niemand, als sei er nur zu Gast!
Wer sich hingegen als Kind schon einsam gefühlt hat, wenn
der große Bruder mal kurz Zigaretten holen war, weil dann nur
noch die vier Schwestern, Mama, Papa, Oma, Opa, Ochs und
Esel, das Kindermädchen, die zwei Austauschschüler und die
Urzeitkrebse übrig blieben, für den kommt nur die WG infrage!
Du wirst dich wie zu Hause fühlen! Wobei du in einigen WGs
auf äußerst skurrile Mitbewohner treffen wirst, die aus noch
entfernteren Welten stammen als die Austauschschüler oder
die Urzeitkrebse …
Gut zu wissen: Um in eine WG aufgenommen zu werden,
kannst du den indirekten oder den direkten Weg wählen. Entweder du kennst jemanden, der in einer WG wohnt, und bittest
um Erlaubnis, dort „für eine Nacht" bleiben zu dürfen – und
dann für noch eine und noch eine und noch eine, bis keiner
mehr weiß, ob du überhaupt ein „echter" Mitbewohner bist;
dazu muss es allerdings eine große WG sein, ansonsten fliegt
das Manöver nach zwei Tagen auf („Alter, jetzt verpiss dich
endlich!"). Oder du bewirbst dich ganz offiziell bei einer WG.
Dann erwartet dich allerdings eine ganz fiese Tortur, gegen
die sich das Jüngste Gericht wie eine Kindersendung auf
„SUPER RTL" ausnimmt.

DAS WG-VORSTELLUNGSGESPRÄCH: *Am WG-Vorstellungs-gespräch nehmen teil: eine kackdreiste Jury, die im geschlosse-nen Kreis um dich herumsitzt und sich rausnimmt, alles zu erfragen, was ihr grade so in den Sinn kommt – Alter, Studienrichtung, Körbchen-größe bzw. Penislänge, Urkunden der Bundesjugendspiele, Blutgruppe, Impfpass etc. Und der Depp, der Rede und Antwort stehen muss, sorry – das bist du! Natürlich willst du in die WG aufgenommen werden, deshalb machst du eine Faust in der Tasche und gute Miene zum bösen Spiel. Ein kleiner Tipp, der die Sache deutlich erleichtert: Mit dem WG-Vorstellungsgespräch verhält es sich wie mit dem Schnittmuster für einen brasilianischen Bikini: Man kann gar nicht genug weglassen!*

Berücksichtigst du das und lässt beim WG-Verhör mehr Inhalte weg als Jerry Bruckheimer bei „Fluch der Karibik 3", klingt ein erfolgreiches WG-Vorstellungsgespräch dann in etwa so:

JURY: „Hast du schon mal in einer WG gewohnt?"

SAGEN: „Ja, habe ich, drei Jahre lang, und ich bin prima zurecht-gekommen ..."

WEGLASSEN: „... obwohl mein Zellenkollege meinte, so eine geschlos-sene Anstalt sei gar keine echte WG."

JURY: „Bist du selbstständig und zuverlässig?"

SAGEN: „Ja, als Schülersprecher hab ich mal im Alleingang erfolgreich einen Spendenmarathon geplant, organisiert und durchgeführt."

WEGLASSEN: „Die gemeinnützige Organisation wartet bis heute auf ihr Geld!"

032

JURY: „Bist du ordentlich und sauber?"

SAGEN: „Auf meinem Boden liegt kein einziges Staubkorn!"

WEGLASSEN: „Wie soll es da auch hinkommen, wenn alles mit Zeitungen und Pizzakartons bedeckt ist?!"

JURY: „Bist du gerne mit anderen Menschen zusammen?"

SAGEN: „Ja, ich halte mich am liebsten dort auf, wo viele Menschen auf engem Raum sind!"

WEGLASSEN: „Wie käme ich sonst an die ganzen Handys, MP3-Player und Portemonnaies?!"

JURY: „Spielst du ein lautes Instrument?"

SAGEN: „Nein. Ich hab mal Alphorn gespielt, aber ich hab aufgehört, weil mir einfach das Talent fehlt …"

WEGLASSEN: „… dafür schnitze ich jetzt gerne Skulpturen mit der Kettensäge!"

JURY: „Hältst du dich auch an mündliche Vereinbarungen? Bist du pünktlich usw.?"

SAGEN: „Ja, und noch viel mehr als das: Wenn wir zum Beispiel sagen, wir treffen uns um 15:30 Uhr, dann bin ich allerspätestens um 15:25 Uhr da!"

WEGLASSEN: „Am nächsten Tag."

JURY: „Kannst du kochen?"

SAGEN: „Ja, ich habe mal ganz alleine für meine Oma zum 80. Geburtstag gekocht …"

WEGLASSEN: „… gut, sie ist dann auch nur 80 geworden!"

JURY: „Kannst du so richtig gut putzen und tust du's auch, wenn du dran bist?"

Hier kannst du ruhig die Wahrheit sagen. Alles andere hat eh keinen Sinn! Immerhin reden wir hier vom Putzen in einer Studi-WG, hallo?! Bevor da einer sauber macht, zieht sich Alice Schwarzer für den „Playboy" aus!

Absolut auf der Hut sein solltest du allerdings, wenn im Verlauf des Vorstellungsgesprächs der folgende Satz fällt: „Dein Zimmer ist ungewöhnlich groß und unwahrscheinlich hell, es hat hohe Decken und sogar Parkettboden, ABER ES IST EIN DURCHGANGSZIMMER!"

An dieser Stelle kannst du die Faust aus der Tasche holen und auf den Tisch knallen, so, dass die Jury zusammenzuckt – als hätte einer die neue Platte von „Ich+Ich" aufgelegt. Durchgangszimmer ist immer das ultimative Stichwort, um sofort 'nen Abgang zu machen!

Natürlich könnte jetzt der Einwand kommen: „Wieso? Was spricht denn gegen ein Zimmer, durch das man durchgehen kann?! Durch mein Zimmer kann man's nämlich nicht. Aber ich wär froh, wenn man's könnte!" Das ist richtig, nur bist du im Durchgangszimmer sicher nicht der Einzige, der die frei begehbare Fläche nutzt: In einem Durchgangszimmer hast du weniger Ruhe als Rammstein bei einer Autogrammstunde in Mecklenburg-Vorpommern! Von daher bleiben dir eigentlich nur zwei Möglichkeiten: Entweder du führst ein saftiges Mautsystem ein, oder du suchst weiter nach einer anderen Wohnmöglichkeit.

034

Studentenwohnheim

Eine ebenfalls beliebte Bleibe für studentische „Wohnanfänger". Bei Studentenwohnheimen handelt es sich um – zumeist vom Studentenwerk betriebene – Herbergen der international anerkannten Nullsternekategorie. Von der Machart in etwa vergleichbar mit den, allerdings wesentlich komfortabler ausgestatteten, staatlich betriebenen Justizvollzugsanstalten! In beiden Fällen hat die Grundausstattung eins gemeinsam: Sie ist durch und durch abwaschbar. Samtteppiche und Holzvertäfelung sucht man hier wie da vergebens. Zu den Meisterleistungen der deutschen Ingenieurskunst zählt das aus einem Stück Polyurethan gefräste Fertigbadezimmer, das als autarkes Waschmodul ins Mauerwerk der Wohnheimwohnung eingelassen ist. Ohne zu übertreiben, kann man sagen: Eine solch konsequente Kombination aus Platzersparnis und Funktionalität findet sich sonst nur auf der Internationalen Raumstation ISS! Mit dem kleinen Unterschied, dass es vom Studentenwohnheim aus wesentlich mehr Energieaufwand bedarf, den produzierten Müll direkt ins All zu schießen ...

Vorteile des Studentenwohnheims: Es gibt einen Ansprechpartner, den man bei kleineren Problemen (Wasserhahn tropft, Heizung bleibt kalt, Kühlschranklicht geht aus, wenn man die Tür zumacht) kontaktieren kann. Danach passiert allerdings gar nichts. Aber das macht nichts, man hat ja jemanden, den man kontaktieren kann!

Die anderen Bewohner des Studentenwohnheims sind – Trommelwirbel – Studenten! Ärger mit den Nachbarn wegen Ruhestörung oder unordentlicher Mülltrennung braucht man hier nicht zu befürchten. Das Einzige, was wirklich nervt, sind die zahllosen Tretroller und Kinderwagen, mit denen das seit

20 Semestern studierende Sozialpädagogenpack den Hausflur versperrt! Dafür kann man die Miete aber bezahlen. Bei einem durchschnittlichen Quadratmeterpreis von fünf Euro gibt es die kleinsten Wohnheimwohnungen schon ab, äh ja, fünf Euro im Monat. Wichtig ist dann natürlich, dass die Tür nach außen aufgeht! Sonst wird's noch enger als auf der ISS.

Alleine wohnen

Bei den Studentenbehausungen muss man – finanziell gesehen – das Alleinewohnen als die größte Herausforderung ansehen. Was dir sonst ein loftartiges 40-Quadratmeter-Zimmerchen in einer Vierer-WG eingebracht hätte, reicht jetzt grade mal für ein Zimmer, durch das du nicht durchkommst, wenn gleichzeitig das Bett ausgeklappt und die Kühlschranktür offen ist! Im Vergleich musst du als „Alleinwohner" eindeutig mehr Geld auf den Tisch legen – kriegst dafür allerdings weniger. Einziger Vorteil: Du kannst die Nudeln vom Herd nehmen, ohne aus dem Bett aufzustehen! Für viele ist das ja der Inbegriff von Luxus! Ist doch so! Wie oft liegst du in der Vierer-WG auf der Dachterrasse und denkst: Scheiße, im Westflügel, in einer der Küchen, kocht bestimmt grade das Wasser über!

Die eklatanten räumlichen Unterschiede zwischen „Alleinwohnern" und WG-Bewohnern produzieren hin und wieder auch mal kleinere Missverständnisse. Wenn du als „Alleinwohner" beispielsweise am ersten Abend mit zu ihr gehst, die Jacke in die Ecke schmeißt und sagst: „Schönes Zimmer hast du, bisschen schlank geschnitten vielleicht, aber dafür geht es dreimal so weit in die Tiefe wie meins!"

Und sie erwidert: „Scherzkeks, das ist der Flur!"

Ganz klarer Vorteil des Alleinewohnens: Du wohnst alleine! Abgesehen von den Silberfischen im Bad, der Ameisenstraße im Küchenregal und dem Joghurt, der dir im Treppenhaus entgegenläuft. Und trotzdem: Die eigene Wohnung! Hey, nirgendwo sonst auf der Welt gilt so sehr: Hier bin ich Mensch, hier darf ich's sein!

Bei den Eltern

Auch das gibt es: zu Hause bleiben und einfach weitermachen wie die letzten 30, 40 Jahre! Viele kennen ihre Eltern ja schon von Geburt an und sind mit ihnen als WG-Bewohner durchaus zufrieden. Wozu da unnötig Staub aufwirbeln, ausziehen und anderswo womöglich unglücklich werden? Manchmal kann dies ja sinnvoll sein, etwa wenn du in deiner Heimatstadt studierst. Was einem allerdings einen Strich durch die Rechnung macht, ist zu viel Naivität. Der Ausspruch: „Pah, ich bleib zu Hause wohnen, den Katzensprung Stuttgart–Berlin mach' ich mit der Bahn!" ist genauso bedenklich wie das kühne Vorhaben: Ich studiere in der zehn Kilometer entfernten Großstadt, da bleib ich natürlich nicht zu Hause wohnen, nein! Da miete ich mich erst mal für 500 Euro in der erstbesten Kaschemme ein, um dann in aller Ruhe „vor Ort" nach einer passenden Wohnung zu suchen! Die Vorteile, wenn du zu Hause wohnen bleibst: Du musst keine Miete zahlen, nicht neu streichen, die Dusche ist nicht im selben Raum wie die Küche, und Mutti wäscht deine Wäsche, saugt dein Zimmer und wischt dir den Hintern ab. Die Nachteile: Mutti wischt dir den Hintern ab! Sie saugt dein Zimmer immer genau dann, wenn dich deine Freundin besucht, und wäscht dein Deutschlandtrikot mit den Originalunterschriften bei 90 Grad Celsius. Dafür wirst du genötigt, im Haushalt mitzuhelfen – teilweise um 16 Uhr mittags! Dabei hast du selber alle Hände voll zu tun, du musst die neuen Staffeln „Two and a Half Men", „24" und „Bernd das Brot" fertig gucken, gleichzeitig den Buschfunk auf „studiVZ" im Blick behalten und dabei nicht das Bett mit dem Verwandten von Bernd vollkrümeln ... Als ob das keine Arbeit wäre!

Bei den Eltern zu wohnen kann also Sinn machen, muss aber nicht!

Zwischenmiete

Hier beziehst du eine Wohnung nur für einen begrenzten Zeitraum, weil sich der Mieter gerade im Ausland befindet, in U-Haft sitzt oder sogar beides. Der Bewohner ist also weg – aber seine Einrichtung noch da! Das kann sehr praktisch sein, zum Beispiel wenn der ursprüngliche Mieter luxuriöse Dinge besitzt, die dir sonst nicht zur Verfügung stehen (LCD-Fernseher, Waschmaschine, Nasenhaarschneider). Meistens ist es in der Wohnung eines Wildfremden allerdings erst mal etwas gewöhnungsbedürftig, weil es dort komisch riecht und die ausgestopften Tiere an der Wand so eine Sache sind – aber die handtellergroßen, krabbelnden Tiere im Terrarium eine ganz andere! Zurechtfinden wirst du dich jedoch sehr schnell, denn eigentlich sieht eine Studentenbude fast immer aus wie die andere – den Schweden und ihrer Liebe zum selbst aufgebauten Regal sei Dank!

Freude kommt auf, wenn du ein Mann bist und vorübergehend in die blitzblanke Wohnung einer Frau einziehen darfst! Im Umkehrschluss heißt das: Sollte deine eigene Wohnung irgendwann wirklich mal übel aussehen und du nicht mehr wissen, wie du da je wieder rauskommst – im wahrsten Sinne des

Wortes ... einzig und allein ein Wohnungsbrand würde helfen, um wieder ein bisschen Platz zu schaffen, dann vermiete doch mal für ein halbes Jahr an eine Frau – und alles ist wie neu!

Glückwunsch! Du hast deine erste eigene Wohnung gefunden? Du musst doch nicht campen oder in der Uni schlafen?! Dann ist das Problem ja gelöst! Allerdings hast du jetzt gleich das nächste, wenn du ein Kerl bist. Bist du ein Mädchen, dann fängt der eigentliche Spaß erst an!

Jungs können vielleicht blind ein drahtloses Netzwerk einrichten oder zumindest einen E-Mail-Account, nicht aber eine eigene Wohnung! Mädels hingegen haben ihr Leben lang nichts anderes gemacht, als Puppenhäuser zu möblieren, und warten nur auf den großen Tag, an dem Vati sagt: „Hier hast du eine kleine Unterstützung für die neue Wohnung, viel Spaß damit!" Machen wir mal folgende Rechung auf und behaupten, du verfügst über 500 Euro Startkapital. Als Mädchen organisierst du dafür: ein Himmelbett mit passendem Beistelltischchen, einen Spiegel mit breitem Metallrahmen und 20 Magneten für Postkarten und Fotos, einen Sessel, eine Couch, einen Schreibtisch, zwei Stühle, ein Bücherregal, eine Box für die Kleider, ein wandfüllendes Regal für die Schuhe, einen Küchentisch, eine Stehlampe und einen Badezimmerschrank sowie einen Schrank, der dir den ganzen Kram in die Bude schleppt. Dann stellst du Kerzenständer (ohne Kerzen!) auf, verstreust hier und da ein paar abgeschliffene Plastikreste (Dekosteine) und beginnst froh gestimmt, die Wände in unterschiedlichen Farben anzustreichen! Fertig! Was ist das schön!

Als Junge gehst du erst mal mit den Kumpels die erste eigene Wohnung feiern: „Prost, auf das neue Haus, altes Haus!" ...

Bleiben 278,20 Euro. Du legst selber noch mal 20 Euro drauf und erstehst bei E-Bay für knapp 300 Euro das Beste, was deinen vier Wänden überhaupt passieren kann: das Original-Anna-Nicole-Smith-H&M-Plakat von 1993! Gut, ist vielleicht nicht ganz billig gewesen, aber in hervorragendem Zustand, kaum benutzt, das heißt, es lässt sich noch rollen ... Fertig! Was ist das schön![8] Und Möbel?! Da gibt's ja noch das Kinderzimmer!

UMZUG: *Der Tag des Umzugs ist ein aufregendes Event. Dein Kinderzimmer wird komplett abgerissen, in seine Einzelteile zerlegt, durch die Gegend gefahren und an einem anderen Ort wieder aufgebaut. Das kostet Kraft, Schweiß und Nerven. Hinterher ist nichts mehr, wie es vorher war. Bett, Schreibtisch und Stuhl sind unbeschadet angekommen, aber die Deckenlampe ist verschwunden, dafür ist der Hamster wieder aufgetaucht, den du mal hattest ... Umzug ist wie Kinderzimmer in den Mixer stecken und dann alles einmal ordentlich durchrühren! Wer nicht plant, der nicht gewinnt, deshalb hier ein paar Tipps, um das Chaos kontrollierbarer zu machen:*

Private Dinge – und damit sind jetzt nicht nur die Freikörperkultur-DVDs gemeint, sondern auch die -Hefte, -Poster und -VHS-Kassetten – rechtzeitig, also vor dem eigentlichen Umzugstag, in einen extra Karton packen und das Zukleben nicht vergessen!

|8| *Ich persönlich hatte danach zwar nicht mal mehr Geld, um zu streichen, aber hey, was für ein Glück, Farbe hatte ich ja eh schon an der Wand, denn: der Vormieter war starker Raucher gewesen! Und die Vorhänge passten auch gleich dazu!*

Einpacken mit System – die goldene Regel lautet: Erst die schweren Sachen in den Karton und obendrauf die leichten. Also nicht: „Ich leg den Spiegel auf die Pflanze, damit an die Pflanze nichts drankommt!" Außerdem wichtig: gleichmäßig verteilen. Wer alle Bücher in einen großen Karton stopft, müht sich beim Anheben mehr ab als Mr. Burns beim Zerquetschen eines Pappbechers.

Auto beladen mit System – das ist Tetris für Fortgeschrittene. Auch hier gilt: die schweren Sachen zuerst! Außerdem: die Fliehkräfte berücksichtigen. Man unterschätzt, wie häufig auf der Ladefläche von Kleinlastwagen Sätze fallen wie: „Pah, wofür Spanngurte? Der Bettkasten ist so schwer, der bewegt sich doch keinen Millimeter!" Da kann man nur entgegnen: „Glückwunsch! Physik: sechs, setzen!"

Falls du dich dagegen entschieden hast, den Umzug mit dem eigenen Fiat Cinquecento durchzuziehen, rate ich unbedingt dazu, den Umzugswagen an einem Wochentag auszuleihen! Denn am Wochenende kann der Mietpreis schnell mal doppelt so hoch sein. Außerdem sei bei der Auswahl des passenden Modells an die Vernunft appelliert: Natürlich ist das BWM 6er Cabrio schnittiger als der schnöde Kastenwagen – aber spätestens, wenn du versuchst, den Lattenrost auf dem Stoffverdeck zu fixieren, gibt's Probleme, für die im Ernstfall keine Versicherung gradesteht!

Wer bremst, verliert. Wer beschleunigt, auch! Mit allen Habseligkeiten im Genick macht es wenig Sinn, den Verkehrsrowdy rauszulassen und zu fahren, als gelte es, den Rekord auf dem Nürburgring zu knacken. Einmal scharf gebremst und im Hamsterkäfig – zwischen Bettkasten und Klavier geparkt – gehen die Lichter aus. Einmal entschlossen aufs Gas getreten und der Fernseher fällt mit einem lupen-

reinen halben Auerbachsalto vom Klavier auf den Karton mit dem Geschirr. Da hilft's dann auch nicht viel, wenn sich Spiegel und Pflanze als Puffer dazwischen befinden.

Auto ausladen mit System – Selbstüberschätzung ist gut, Invalidität vermeiden ist besser! Das Spiel „Wer kann am meisten Sachen auf einmal die steile Treppe hochtragen?" gehört zu jedem Umzug dazu. Aber: Besser die anderen gehen dreimal die Treppe hoch, als du selbst nur einmal und danach für sechs Monate in die Reha!

Für den Fall, dass es trotzdem schwer wird, solltest du die Weisheit verinnerlichen: Wer unten geht, gewinnt. Wer schon mal ein Klavier zu zweit in den vierten Stock geschleppt hat, weiß, wie schwer es ist, in Deutschland an Spenderbandscheiben zu kommen! Bei logistisch aufwendigen Schleppaktionen unbedingt darauf achten, dass du die tragende Position am unteren Ende des Schwerlasttransports einnimmst. Dann ruht zwar das volle Gewicht auf dir, du kannst dafür aber vorwärts gehen und gerade stehen und musst nicht wie dein Vordermann rückwärts und gekrümmt wie der Glöckner von Notre-Dame die Treppe hochächzen.

Berücksichtigst du die Regeln, heißt es bald: Glückwunsch – der Umzug hat geklappt! Es wird ein paar Wochen dauern, bis die letzte Kiste ausgeräumt ist (einige Kisten bleiben auch so lange eingepackt, bis du wieder ausziehst), aber das Wesentlichste ist geschafft! Der Anfang ist gemacht, jetzt kann's losgehen! Ab sofort bist du der Herr im eigenen Haus mit neuer Adresse, neuem Leben! Darauf: „Prost!"

An der Uni

DAS UNIGELÄNDE

Zum ersten Mal auf dem Campus! Für viele ereignet sich dieser
erhebende Moment nicht vor dem zweiten oder dritten Semester ... Hat man den Campus aber erst mal auf dem Stadtplan
ausfindig gemacht, empfehle ich unbedingt, sich einer der zahl-
reichen Erstsemesterführungen anzuschließen! Viele abenteuerliche Einrichtungen, die vom höhersemestrigen „Reiseführer"
vorgestellt werden wie Schwulen- und Lesbenreferat, Studieren-
densekretariat, Bibliothek etc., sieht man hier zum ersten und
vielleicht auch zum letzten Mal!
Wer in den ersten sechs Semestern partytechnisch so viel
unterwegs ist, dass er morgens keinen freien Termin für die
Campusführung findet, kann sich hier schnell mit den wichtigsten Stichwörtern vertraut machen:

Bibliothek

Einmal Wikipedia komplett ausgedruckt, gebunden und in
Regale gestellt – das ist eine gleichermaßen bescheuerte wie
lustige Idee aus dem letzten Jahrtausend und nennt sich:
Bibliothek.
Um das Ganze noch ein bisschen unterhaltsamer zu gestalten,
hat man sich folgenden Scherz überlegt: Wir schreiben nicht
an die Regale, welche Bücher drinstehen, nein, wir versehen
die komplette, verstaubte Bude mit einem total crazy Zahlen-
und Buchstabencode, den nicht mal Stephen Hawking oder
die Panzerknacker entschlüsseln könnten! Geschweige denn,
der bibliothekseigene Computer, diese vorsintflutliche Rechen-
maschine, auch bekannt als Zuse Z1.

Das kann in der Praxis bedeuten: Politikbücher haben zum Beispiel die Abkürzung „SED 89" und stehen auf Ebene eins, Science-Fiction hat die Abkürzung „R2-D2" und steht auf Ebene zwei, Fantasybücher heißen „J.K.R." und stehen auf Ebene drei drei viertel – wie gesagt „kann", muss aber nicht! Ehrlich, keine Ahnung, ich bin da bis jetzt nicht durchgestiegen.

Besonders wissenswert: In der Bibliothek herrscht absolute Stille. Wer beim Schlafen schnarcht, fliegt raus!

Probleme kann es allerdings geben, wenn du tatsächlich zum Arbeiten in der Bibliothek sitzt, aber dein nicht mehr ganz taufrischer Laptop lauter ist als ein startender Kampfjet! Bei meinem Zehn-Kilo-Steinzeitrechner ist dies der Fall. Allerdings hat das auch Vorteile, denn das Ding lärmt nicht nur: Im Winter kann ich meine komplette Wohnung damit heizen! Das ist natürlich ganz praktisch ... Mit in die Bibliothek nehme ich das Teil aber nicht mehr, seit ich zum fünften Mal deswegen rausgeflogen bin.

In einer geheimen Ecke der Bibliothek, an der Neulinge häufig plan- und hilflos vorbeilaufen, findest du auch die sogenannten Seminarordner, die vorlesungsrelevante Texte enthalten. Da es immer nur einen Ordner pro Veranstaltung gibt, an der teilweise mehrere hundert Studenten teilnehmen – die alle aus demselben Ordner kopieren müssen – ist es wesentlich einfacher, eines der Hitlertagebücher in die Hände zu bekommen als den Seminarordner. Sollte dir dieser unwahrscheinliche Glücksgriff gegen alle Annahmen der Wahrscheinlichkeitsrechnung tatsächlich gelingen, befindet sich der Seminarordner durch den ununterbrochenen Gebrauch garantiert in einem schlechteren Zustand als Dresden 1945. Kopier, was sich noch kopieren lässt, den fehlenden Rest musst du dir mit improvisatorischem Geschick dazudenken. Was um ein Vielfaches leichter fällt, wenn du Romanistik studierst (den meisten Werken von Simone de Beauvoir schadet es überhaupt nicht, wenn die Hälfte fehlt!), und nicht etwa Jura (wenn es dir gelingt, auch noch so große Lücken in Gesetzestexten mit vollkommenem Nichtwissen zu schließen, ohne dass der Schwindel auffliegt, hast du eine besondere Ausnahmebegabung und solltest über eine Karriere in der Politik nachdenken)!

Campus

Für viele Studenten eine Überraschung: Der Campus hat auch freitags geöffnet! Auf ihm sind alle wichtigen Institutionen der Universität: Cafeteria, Kiosk, Raucherecke, AStA-Kulturcafé und sogar Zusatzeinrichtungen wie Hörsäle, Mensa, Bibliothek etc. Teilweise befinden sich die verschiedenen Fakultäten aber in der ganzen Stadt verteilt. Dabei folgt die Anordnung einer ganz und gar niederen soziokulturellen Logik. Es kann einfach kein Zufall sein, das in drei von zehn Unistädten die Studentinnen der Fachrichtung „Lehramt Primarstufe" allmorgendlich von der Bushaltestelle aus zu Fuß an den Gebäuden der Herren aus der Abteilung „BWL" vorbeimüssen, ehe sie ihre Fakultät erreichen. Das Schaulaufen der aufgebrezelten Damen beim jährlichen Pferderennen von Ascot ist dagegen die reinste Farce!

Hörsaal

Gewissermaßen das Wohnzimmer des universitären Betriebs. Hier ist immer was los: Der Prof spricht, die erste Bank schreibt mit, die letzte Bank wird beschrieben, die Bänke dazwischen schlafen, telefonieren oder halten via Webcam ein Pläuschchen mit Freunden in China. Wer's gern gesellig mag und vom studentischen Alltagsstress abschalten möchte, dem sei der Hörsaal wärmstens ans Herz gelegt!

Es braucht schon ein paar Tage, den Campus bis in den letzten Winkel zu erkunden

Mensa

Wer Wert auf eine schlichte, ausgewogene und nahrhafte Ernährung legt, gehe bitte zu McDonald's, Burger King oder Pizza Hut, aber auf keinen Fall in die Mensa! Es lohnt sich nicht, drum herum zu reden: Alle Klischees stimmen! In der Mensa gibt es nur, was bei der Tafel übrig bleibt. Oder positiv formuliert: Wer die Ekel-Prüfungen des „Dschungelcamps" einmal am eigenen Leib erleben möchte, der is(s)t in der Mensa genau richtig!

Interessant ist, was auf der Mensaspeisekarte steht! Oft haben die hier angekündigten Menüs mit den Gerichten auf dem Teller so viel miteinander zu tun wie eine explodierte Ölbohrinsel mit Umweltschutz. Soll heißen: Die Speisekarte lügt wie Bill Clinton unter Eid! An der Handlung von „Hui Buh – Das Schlossgespenst" ist mehr Wahres dran als an der Mensaspeisekarte! Wer's nicht glaubt, hier ein kleiner Vorgeschmack:

EINTOPF NACH HAUSFRAUENART: Vorgestern hast du dein Gemüse nicht aufgegessen? Jetzt kriegst du eine zweite Chance!

ASIA-WOCHEN: Das macht keinen Unterschied – das Gulasch in der Mensa schmeckt ja sonst auch süßsauer! „Asia-Wochen" heißt das Ganze nur, weil heute ausnahmsweise mal die thailändische Spülhilfe die abgelaufenen Tiefkühlprodukte aufreißt!

GYROS MIT ZAZIKI NACH GRIECHISCHEM ORIGINALREZEPT: Die Griechen versenken zwar EU-Gelder, aber an *diesem* Gyros mit Zaziki sind sie nicht schuld!

HAUSMANNSWOCHEN: Alles, was der Hausmeister beim Wischen der Flure gefunden hat, wird abgebrüht und angedickt. So wird aus einem Knubbel alter Kaugummis schnell ein delikates Geschnetzeltes „Berner Art"!

BIOWOCHEN: Es ist Frühling und irgendwo müssen die Rasen- und Gartenabfälle ja hin! Als Soßenbinder dient das Wasser des frisch abgelassenen Bioteichs aus der Projektwoche, inklusive fangfrischer Kaulquappen und Stichlinge!

STUDENTENTYPEN: KLAPP DEN KRAGEN HOCH, UND ICH SAGE DIR, WAS DU STUDIERST!

Studenten gibt es viele, viele Millionen in Deutschland, wenn nicht gar tausende – und die sind keineswegs alle gleich! Eins ist klar: Auch an deiner Uni oder FH tummeln sich unterschiedlichere Arten von Studenten als E-Zusatzstoffe in holländischen Weingummis! Wenn du über den Campus läufst, durch die Gebäude schlenderst und im Seminar drohst einzupennen, lohnt es sich immer, die Augen offen zu halten: Die akademische Artenvielfalt ist einfach bemerkenswert! Schau dich um: Im Unidschungel ist der Teufel los! Da gibt es stolze Einzeller mit prächtig hochgestellten, pastellfarbenen Kragen zu bestaunen und kleine Weibchen mit Chucks, deren kunstvoll verzierte Gesichter die Flughafenkontrolle zum mehrtägigen Event ausarten lassen ... hier schaukeln Handtäschchen, dort wuchern Rastas ... In der Luft liegt ein einzigartiges Zwitschern und Schnarchen, Baggern und Büffeln, Kopieren und Kokettieren! Um die prächtige Anzahl unterschiedlicher studentischer Lebensformen genauer zu katalogisieren, schaut man am besten auf das charakteristischste aller Merkmale: die individuelle Wahl der Klamotten! Der Blick in den Kleiderschrank verrät vieles – zuallererst schon mal, dass der oder die StudentIn überhaupt einen solchen Schrank besitzt! Damit fallen gleich ein paar spezielle Studiengänge weg, deren werte Vertreter sich die Anziehsachen morgens um 15:30 Uhr zusammensuchen wie MacGyver seinerzeit seine Überlebenswerkzeuge: Man nimmt halt, was grade so rumliegt!

Aber nicht nur über Hose, Hemd und Kragen lassen sich die verschiedenen Studentenspezies näher klassifizieren, nein, das geht auch prima über die Schuhe! Einige echte Unikate der ein-

schlägigsten Studententypen möchten sich dir auf den folgenden Seiten mit ihren Moden und Macken präsentieren. Und
bitte nicht vergessen: Ist alles nur Spaß![9] Übereinstimmungen
mit tatsächlich lebenden Studenten sind rein zufällig und
nicht böse gemeint ...

Geföhnt und gestriegelt: BWLer

Fangen wir gleich mit einer berühmt-berüchtigten Spezies an:
Egal ob deine in (unmittelbarer) Küstennähe gelegene Unistadt
Kiel, Hamburg oder Saarbrücken heißt, BWLer sehen immer
aus, als kämen sie grade frisch vom Segeltörn. Die braunen
Segelschuhe sind bei den Jungs so obligatorisch wie die Perlen-
ohrstecker bei den Mädels. Im Sommer werden die Treter auch
gerne puristisch ohne Socken getragen, was Geräusche her-
vorruft, wie wir sie nicht mehr vernommen haben, seit sich
Michael Kessler im Meisterwerk „Manta Manta" in die Stiefel
gepisst hat. Die Schuhe werden meist stilsicher mit einem
braunen Gürtel kombiniert, dazu Baumwollhose und Poloshirt
in den Trendfarben Lachs, Flieder, Rosé oder Senf-Zitrone. Die
Mädels tragen Bluse und Rock oder gleichfalls Hose und Poloshirt, ergänzt durch Handtäschchen, in die weniger reinpasst
als in ein Statement von Joey Kelly.
Der klassische BWLer sieht also nicht nur aus wie ein Statist
aus „Hart aber herzlich", sondern tritt auch noch mit derselben
generösen, süffisanten und elitären Haltung auf wie Jennifer
oder Jonathan Hart. Jetzt fehlt eigentlich nur noch Max, der
Butler, der draußen mit dem frisch gewaschenen Mercedes SL

|9| *Stimmt aber trotzdem alles!*

und Friedwart, der alten Kampfhamsterratte auf dem Bei-
fahrersitz, wartet!

Zusammengefasst: BWLer sind Leute mit Format, Leute von
Welt! New York, Paris, Mettmann, es wird global gedacht. Die
internationale Immobilienkrise erzeugt hier weit mehr Aufregung als die eigene Nebenkostennachzahlung. Und: Ein BWLer
ist niemals verpennt – er hat einen Jetlag! Auch wenn er nur
von Berlin nach Frankfurt gereist ist ... mit der Bahn.

Was kann man lernen?

BWLer beweisen: Es gibt auch noch andere Hosen als Jeans!

Was geht gar nicht?

Der Einzige, der mit hochgeklapptem Kragen authentisch und
nicht lächerlich aussieht, ist Graf Zahl! Für alle anderen gilt:
Klapp den Kragen ruhig hoch, wenn sonst nichts steht!

Geföhnt, gestriegelt UND gebürstet: Jurastudenten

Bevor wir gleich den großen Topf mit den unschönen Klischees
ausschütten: Hier sollte ganz klar differenziert werden zwischen
den „good guys" und den „bad guys"! So viel Fairness muss sein!

Gruppe A: die Guten

Inspiriert durch beeindruckende Persönlichkeiten wie Nelson
Mandela, Erin Brockovich oder Dr. Dieter Renz aus „Ein Fall
für zwei" haben die guten Juristen das unstillbare Bedürfnis,
den Armen, Gepeinigten und Unterdrückten zu helfen – für sie
durchs juristische Feuer zu gehen, zu ackern und zu fighten, um
sich dann abends nach getaner Arbeit bei einem erlesenen Glas
Rotwein ein kleines bisschen zu fühlen wie der Mahatma

050

Gandhi des 21. Jahrhunderts. Hier wird Metallica noch wörtlich genommen: „Justice for all" – Mensch, tu Gutes und sprich darüber! Hinzugefügt sei allerdings: Diese ehrbare innere Haltung der juristischen Robin Hoods hält meist nur bis zum ersten Abschlusstreffen nach fünf Jahren. Denn hier lassen die Juristenkollegen, die mit ihnen den Abschluss gemacht haben, durchblicken, was für einen tierischen Reibach sie jetzt bei Bayer, Henkel oder Knight Industries machen!

Die Kleidung der Juristen ist gebügelt und gestärkt. Kragen und Pullunder sind hier die Regel, nicht die Ausnahme. Die „good guys" verleihen ihrer inneren Haltung aber hin und wieder auch durch ihr äußeres Erscheinungsbild Ausdruck – durch ein T-Shirt hier und ein Paar Turnschuhe da weichen sie dann radikal von der juristischen Norm ab!

Der Jurastudent der Spezifikation A ist insgesamt ein angenehmer Zeitgenosse. Locker im Umgang und – solange es nicht zu sehr ausartet – auch mal für die ein oder andere nicht ganz legale Sache zu haben: Laternen austreten, Zeitungen aus dem Zeitungskasten klauen, Todschlag im Affekt nach fünf Stunden „Die Siedler von Catan". Auf Partys ist er immer eine Bank und hat beim anderen Geschlecht gute bis sehr gute Karten, denn Jurist zu sein bedeutet: Zuverlässigkeit, Stressresistenz und ein gutes Auskommen in absehbarer Zukunft. Bist du eine Frau, heißt das: Der Mann kann das Mammut im Alleingang zur Strecke bringen – du kannst also die Füße hochlegen! Und für den Mann: Sie kann dich aus allem rauspauken, was kommt! Also doch noch schnell die GmbH in Luxemburg eröffnet, die Zweitfiliale auf den Cayman Islands aufgemacht und weiter fleißig Musik aus dem Internet gesaugt!

Gruppe B: die Bösen

Widmen wir uns nun den eiskalten Kollegen, die Juristen werden, weil sie damals bei der Pilotsendung von „L.A. Law" ihr erstes nasses Höschen hatten. Schwarze Anzüge, dicke Aktenkoffer und theatralische Auftritte beim Schlussplädoyer sind ihr feuchter Traum. Im dichten Fichtendickicht der Paragrafenwelt sehen sie sich als die zukünftigen Minenspürhunde großindustrieller Wirtschaftsmogule, die immer dann gerufen werden, wenn die Situation mal wieder ausweglos erscheint. Gekleidet sind die „bad guys" meist wie Carlton aus „Der Prinz von Bel-Air" und ihrem Benehmen nach zu urteilen, stammen sie in direkter Linie von Karl dem Großen, den Hohenzollern oder Gott persönlich ab.

Ein Rudel feierfreudiger Juristen der Spezifikation B anzutreffen ist häufig so lustig wie eine ambulante Darmspiegelung. Gegen ihr Niveau, das sie dabei haben, wirkt die grölende Druckbetankung am Ballermann wie eine Weinprobe im gutsituierten Kreis. Auf Partys schütten sich die „bad guys" bevorzugt mit Champagner und Cocktails zu – und wehe, sie werden dann mit 3,5 Promille von der Leine gelassen! Bei Klammerblues wie „Mandy" von Barry Manilow, „Lady in red" oder auch „My heart will go on" wird über die Tanzfläche gepest, als sei der Tag des Jüngsten Gerichts angebrochen! Immerhin, hier zeigt sich: auch die „bad guys" haben ein empfindsames Herz!

Was kann man lernen?

Juristen ordnen sich die Welt nach Gesetzen und Paragrafen – dabei entstehen teilweise absurde Reglementierungen. Die lustigsten Gesetze aus aller Welt sind ein beliebtes Gesprächsthema auf Partys: So dürfen etwa im amerikanischen Bundesstaat Oklahoma Esel von Dienstag auf Mittwoch nicht in der Badewanne übernachten, Frauen im Bikini nur bewaffnet aus dem Haus gehen und Kinder bei der Einschulung nicht weniger als 65 Kilo wiegen.

Was geht gar nicht?

Haarwax, okay, Gel, in Ordnung, zum Weggehen darf's 'ne Handvoll mehr sein – aber wer so viel Haarstylingmittel verwendet wie Rudolph Moshammer, Kai Diekmann und Karl-Theodor zu Guttenberg zusammen, der übertreibt dann doch!

Die Natürlichen – beheimatet in den Studiengängen Sozialpädagogik, Philosophie etc.

Für den Naturburschen gilt: Bakterien sind auch Lebewesen! Eine gründliche Haarwäsche wäre da ein unzulässiger Eingriff in die Natur und der Gang zum Friseur käme einer Abholzung des Regenwaldes gleich! Die Jungs und Mädels der Ökofraktion tragen gerne Klamotten in gedeckten Farben (Schlammgrün, Schlammgrau, Schlammweiß), auf denen Flecken jeglicher Art gar nicht weiter auffallen. Das Schuhwerk reicht von bequem (Birkenstocksandalen) über wetterfest (geschlossene Birkenstocksandalen) bis hin zu natürlich und funktional (barfuß). Die Haare sind eher lang als kurz, gcnau wie die Blättchen in der Tasche. Die Jungs verzichten auf Überflüssiges wie Rasierer oder Gesichtscreme, die Mädels kaufen keine teuren Marken wie beispielsweise o.b.-Tampons – neiiiiin, sie kaufen Watte und drehen selbst!
Der Natürliche ist entspannt, hat aber auch klare Ziele: Grundstudium abschließen vorm Renteneintritt und fertig studiert haben, bevor die DM wieder kommt, das sollte schon drin sein!

Alles in allem ist insbesondere der Sozialpädagoge ein eher besonnener Mensch, dem es mehr um das Wohlergehen seiner Mitmenschen geht als um einen guten oder schnellen Abschluss. Dabei liegt ihm hauptsächlich das Wohlergehen der weiblichen Wesen in seiner Umgebung am Herzen!

Weil man es hier vielleicht am wenigsten vermutet, sei es ausdrücklich gesagt: In Einzelfällen kann der harmlose erste Eindruck trügen! Um die Damen kümmert sich manch mitfühlender Sozialpädagoge mitunter so aufopferungsvoll wie eine Schwarze Witwe um ihren Gatten oder Hannibal Lecter um sein Mittagessen!

Hat der Sozialpädagoge auf Brautschau im Partygetümmel erst mal ein scheues Reh erblickt, welches ihm durch flüchtigen Blickkontakt, devote Körperhaltung und übermäßige Pheromonausschüttung Interesse signalisiert, ist er nicht mehr aufzuhalten. Seine geniale Strategie: Tu, was sonst keiner tut: Hör ihr zu! Während der Rotwein in Strömen fließt und sie ihm in einer kuscheligen Ecke – beschwipst wie zehn Singdrosseln – die komplette Lebensgeschichte inklusive Geburtskanaltrauma ins Ohr flüstert, gibt er ihr immer wieder durch verständnisvolles Kopfnicken, leichtes Berühren, vorsichtiges Tätscheln und den einfühlsamen Mutter-Beimer-Gedächtnisblick zu verstehen: Alles wird gut, ich verstehe dich, so lange ich da bin, kannst du unbesorgt die Bluse aufmachen! Wie die Schlange Kaa aus „Das Dschungelbuch" lullt der Sozialpädagoge sein Opfer dermaßen ein, dass es erst merkt, was passiert ist, wenn es bereits den Schlüpfer an den Knien und diese am Ohr hat!

Etwas weniger öko, dafür umso mehr gesellschaftspolitisch engagiert ist die Kapuzen- und Nietengürtelfraktion, die am linken Rand der Naturbelassenen anzusiedeln ist. Geduscht wird hier gleich auf zwei verschiedene Arten: mit dem Hansa Bier oder dem Wasserwerfer. Chucks sind in dieser Abteilung die erste Wahl, wenn es um die Frage nach dem richtigen Schuhwerk geht! Man unterteilt in drei Klassen: Chucks neu (Chucks sind neu), Chucks eingelaufen (Chucks fallen auseinander, die Fersen lugen bei jedem Schritt heraus – dies ist der bevorzugte Normalzustand der Treter) und Chucks alt (zwei mit Klebeband zusammengehaltene Stoffschuhkadaver). Großer Beliebtheit erfreuen sich bei diesen Kommilitonen außerdem Piercings (gestochen) und Tattoos (meistens gestochen). Die bevorzugten Farben fürs T-Shirt reichen hier von Schwarz (neues T-Shirt) bis Hellgrau (dasselbe T-Shirt tausend Waschgänge später). Die einzig farbliche Ausnahme bildet selbstverständlich das Trikot des FC St. Pauli!

Was kann man lernen?

Ein Aufnäher ist keineswegs nur dazu da, um ein Loch in der Hose zu überdecken, sondern auch, um ein Loch in der Jacke zu überdecken! Superpraktisch: Wer will, kann gleichzeitig auch noch seine politische Meinung kundtun! Wir lernen: Es gibt weit mehr Aufnähermotive als die bekanntesten drei: Fußball, Smiley und kleiner, blauer Elefant!

Was geht gar nicht?

Piercings, sehr gerne! Aber Ohrringe, die vorne am Schirm von Baseballkappen baumeln, sind ungefähr so lässig wie Tattooprints auf dem Pullover!

Praktisch veranlagt: der Maschinenbau- und der Ingenieurwesenstudent

Dass diese Spezies nur karierte Hemden trägt, stimmt absolut nicht! Manche von ihnen tragen auch karierte Unterhosen ... Findige Ingenieure, sozusagen die Handwerker, die Macher unter den Studenten, haben oft sogar zu ihrer Kleidung einen praktischen Bezug. Da spielt es keine Rolle, ob das Brillenglas mit Kaugummi in der Fassung gehalten wird, Hauptsache: es hält! Funktionalität steht klar im Vordergrund: Wieso soll man das Handy bitte nicht am Gürtel mit sich rumtragen? Mit dem Taschenmesser, dem Kompass und der praktischen Gürteltasche geht's doch auch!

Aber genug des Spotts und der falschen Klischees! Ingenieure befinden sich auf der Überholspur, sie sind das Salz in der Suppe der Wirtschaft, ihnen gehört die Zukunft! Den Ingenieuren, und niemand anderem sonst, verdanken wir solch einmalige Verkaufsschlager wie den Transrapid! Ohne sie würde die Welt heute noch auf die dringendsten Erfindungen warten: Wir hätten keine Internationale Raumstation, keine Elektroautos und keine batteriebetriebenen, vibrierenden Nassrasierer mit extra Klinge für die Konturen! In einer Welt ohne Ingenieure würden wir jämmerlich vor der verschlossenen Raviolidose verhungern. Also gut, dass es sie gibt!

Der Maschinenbauer ist gewissermaßen der Axel Schulz unter den Studenten, einer wie der Steinbeißer aus „Die unendliche Geschichte", halt ein feiner Kerl, der keinem was tut – und feiern kann, als gäbe es kein Morgen! Beim Feiern ist allerdings Vorsicht geboten, denn schnell kommen hier die „ländlichen Roots" vieler Maschinenbaukollegen durch: Sobald David Hasselhoffs „I've been looking for freedom", Whitesnakes

Nicht auszudenken, wie die Welt ohne Ingenieure aussähe!

„Here I go again" oder Europes „The final countdown" läuft, rotten sich die praktisch veranlagten Studenten gerne zu einer ansehnlichen Gruppe zusammen, bilden – sich an der Schulter fassend – einen gemeinsamen Kreis und mutieren zu einer „Campus-Riverdance-Gruppe". Laut singend und wild die Beine in die Höhe schleudernd legen sie die komplette Tanzfläche lahm!

Auch auf der Jagd nach Mädchen spielt die Überlegenheit in Sachen Technik und Praxis eine entscheidende Rolle. Der Maschinenbauer glänzt gerne mit Sachverstand und prahlt mit einer Spontanberechnung der Zugfestigkeit eines nahtlos gezogenen Hollandfahrradrahmens oder – zu fortgeschrittener Stunde – mit der Torsionsfestigkeit des eigenen Geschlechtsteils. Und: Eine Schwäche für Maschinenbauer haben mehr Mädels als man denkt! Kein anderer Student erfüllt so sehr ihr biologisches Grundbedürfnis nach Nestbau und -erhaltung ohne zukünftige, teure Handwerkerrechnungen!

Was kann man lernen?

Ingenieure haben ein Händchen fürs Praktische, das zahlt sich für die Damenwelt im Alltag aus. Wenn der Sekundenkleber alle ist, kann man den abgebrochenen Absatz auch mal prima mit einem gerollten Kügelchen aus kalten, klebrigen Spaghetti festpappen – hält allen Belastungen stand! Oder sagen wir: zum Liegen reicht's!

Was geht gar nicht?

Das höchste Glück kreativer Selbstverwirklichung liegt für einige praktisch veranlagte Studenten im Tragen von Mottoshirts. „Wir sind hier auf der Arbeit und nicht auf der Flucht!", „Der Klügere kippt nach!" und „Wenn du nicht mit mir schlafen willst, dann grins jetzt nicht!" sind Ladenhüter, die heute keiner mehr tragen sollte, der nicht auf dem Weg zu einer Trashparty ist.

Der Nerd – zu finden im undurchdringlichen Zahlendschungel der Informatik und Mathematik

Der Nerd kommt ähnlich schluffig daher wie der Naturbursche, tut dies aber nicht aus politischer Überzeugung. Im Zweifelsfall investiert er sein Geld lieber in 100 GByte Speicherplatz als in 100 ml Parfüm. Der Nerd wurde in einer Garage geboren und ist als kleines Kind in einen Topf mit Klopapierschnipseln gefallen – einige davon hängen noch heute an seinem Kinn. Für den Nerd besteht die ganze Welt nur aus 0en und 1en, egal was er betrachtet: Frauen, Tiefkühlpizza oder ein ungewöhnlich gutes Ergebnis des 1. FC Köln – immer nur 0en und 1en.

T-Shirt-mäßig trägt der Nerd alles, was der Star-Wars-Merchandise-Versandkatalog hergibt, an Feiertagen darf's auch mal die Kutte des dunklen Lords höchstpersönlich sein. Generell ist ihm der gepflegte Zustand der eigenen „Benutzeroberfläche" nicht ganz so wichtig. Nerds haben andere Grundbedürfnisse als die meisten Menschen, sie können problemlos drei Wochen ohne Nahrung, Sonnenlicht oder fließend Wasser auskommen, aber keine drei Minuten ohne Internetzugang.

Hat man sich allerdings erst mal in die Welt der Nerds eingeloggt, kann man viele interessante Dinge erfahren. Hier nur die wichtigsten Fakten:

Wir sind nicht auf dem Mond gelandet! Dafür waren die Marsmenschen schon mehrfach bei uns. Beim letzten Mal haben sie sogar ein paar ihrer Leute dagelassen, aber die fallen zum Glück als Kandidaten im „Dschungelcamp" nicht weiter auf.

Bielefeld gibt es nicht! Bielefeld ist eine gelungene Erfindung des Siegener Stadtmarketings, um selbst nicht mehr als hässlichstes Dorf Europas dazustehen.

Die Schurkenstaaten Iran, Libyen und das Saarland sind längst in Besitz von Atomwaffen! Dies ist aber nicht weiter tragisch, solange die USA in Besitz von Chuck Norris sind![10]

|10| *Selbstverständlich sind die USA nicht in Besitz von Chuck Norris – Chuck Norris ist in Besitz der USA!*

Was kann man lernen?

Außenwirkung ist nicht alles! Die Nerds mögen auf den ersten Blick nicht wie Partylöwen aussehen – und auch nicht auf den zweiten –, aber dafür werden viele von ihnen später gut bezahlte Jobs haben und auf Präsentations-After-Show-Partys im schwarzen Rollkragenpullover mit den Damen schäkern, während die Partylöwen von heute den Champus nachfüllen.

Was geht gar nicht?

Wenn du ein vermeintliches Problem mit deinem Computer hast, suche auf keinen Fall das Gespräch mit einem Nerd! Du fragst ja auch nicht die Klitschkos, ob sie Lust auf 'ne Runde Sparring haben. Besser ist es, den Computer direkt beim Nerd vorbeizubringen: „Hier, kannst du mal gucken? Danke! Tschüss!", und dann schleunigst das Weite zu suchen, ehe du von einem Hagel fachchinesischer Gegenfragen ausgeknockt wirst!

Lässig bis fahrlässig: der Sportstudent

Optisch meist eine Mischung aus dem jungen Sascha Hehn und dem Stiffmaster ist er das Alphamännchen unter den Studenten. Ausgeprägtes Kinn, breite Schultern und ein auffallend nach außen gewölbter „Pöppes" lassen hier auf einen ausgewogenen Testosteronhaushalt schließen, weshalb manche von den Kollegen Sportstudenten mit ihrem Kauwerkzeug auch gut und gerne in Tschaikowskys „Nussknacker Suite" den Nussknacker übernehmen könnten! Sportstudenten triffst du fast immer mit lässig übergeworfener Sporttasche an – als wären sie gerade wieder auf dem Sprung, irgendwo einen olympischen Rekord zu brechen. Dabei bringen sie im Zweifelsfall nur die schmutzige Wäsche zum Waschsalon.

Das richtige Gel spielt auch bei den Sportstudenten eine wichtige Rolle, nur wurde es hier – im Gegensatz zu den Juristen – nicht in den Haaren, sondern in der Turnschuhsohle verarbeitet. Ein weiteres beliebtes Accessoire des Sportstudenten ist die Krücke! Da diese Studentenspezies ihre Leistung unter anderem durch körperliche Betätigung erbringt, sei es in Mannschaftssportarten (Völkerball, Brennball, Beach-Brennball) oder in Einzeldisziplinen (Barren, Axtwerfen, Taschenbillard), bleiben Unfälle aller Art leider nicht aus. Lustigerweise scheinen dabei nicht alle Athleten automatisch aus ihren Fehlern zu lernen. Bei manchen ausgewiesenen Spezialisten kann man jedes Semester das gleiche Spielchen bestaunen: auf die Plätze, fertig, Knochenbruch! Echt, ich habe schon Dauersportstudenten getroffen, die hatten mehr Metall im Körper als der Terminator!

Egal wie schnell sie auf 100 Metern laufen, beim Thema Frauen eilt den Sportlern ihr ausgesprochen schlechter Ruf voraus. Landauf, landab sind sie als „hormongesteuerte Allesbesteiger" verschrien.

Zu Unrecht! Wenn weiter oben die Rede davon war, dass selbst ein zahmer Pädagoge manchmal auf nichts anderes aus ist, als eine Frau aufzureißen, soll umgekehrt auch gesagt werden, dass nicht alle Sportstudenten mit den Gedanken immer nur in der Damenumkleide verweilen! Manch durchtrainierter Sportler kann auch ein richtig guter und verständnisvoller Zuhörer sein – ganz ohne Hintergedanken![11]

|11| *Okay, das war jetzt ein Scherz!*

Was kann man lernen?

Gegen ein Weizen vor 14 Uhr ist absolut nichts einzuwenden: „Hallo?! Isotonisch vielleicht?!"

Was geht gar nicht?

Wer ernsthaft mit dem Surfbrett über den Campus läuft, obwohl der nächste Strand 250 Kilometer weit entfernt liegt, der braucht schon eine richtig gute Ausrede – „Ich krieg das Klettband am Bein nicht mehr auf!" –, um nicht albern zu wirken.

Der Uni-Opa – bevorzugt bei den Geisteswissenschaftlern

Jede Universität oder FH besitzt heutzutage mindestens eine dieser gekrümmt gehenden, Pfeife rauchenden Gestalten, um die sich auf dem ganzen Campus die abenteuerlichsten Mythen und Märchen ranken. Die Rede ist vom Uni-Opa. Hierbei handelt es sich um die skurrile Gattung des studierenden Rentners – des alten Haudegens –, der es auf seine alten Tage noch mal wissen will: Opi hat zwei Kriege mitgemacht, da wird er wohl auch noch diesen neumodischen Bachelor-Quatsch überleben! Oder anders ausgedrückt: dualer Studiengang mit 89? Dank Doppelherz kein Problem! Über den Klamottenstyle müssen wir nicht viele Worte verlieren: Bundfaltenhose, Strickjacke, Hut – fertig ist der Opa!

Ein unheimliches Phänomen: Der Uni-Opa bringt das Kunststück fertig, in einer Woche in mehr Vorlesungen zu sitzen als du im ganzen Semester! Überall ist er präsent. Wenn du verspätet in die letzte Bank sinkst und den Laptop hochfährst, läuft bei Opi in der ersten Reihe das Hörgerät schon längst auf Hochtouren. Natürlich, der Uni-Opa kommt dank des hohen Alters praktisch ohne Schlaf aus, seine verkümmerten Triebe beschränken sich aufs Essen und Trinken – er hat den Kopf frei. Man könnte auch sagen: Der Uni-Opa stammt aus einem Paralleluniversum ohne Party und Frauen, er ist: der Antistudent! Aber damit nicht genug. Bei der bloßen Anwesenheit in nahezu jedem Seminar belässt es der Uni-Opa in den seltensten Fällen. Zu jedem Stichwort kann er packende Storys liefern, gegen die einschlägige Geschichtsdokumentationen im Fernsehen wie schlecht ausgestattete Kasperletheater wirken. Besonders wenn der Professor zur Kategorie der Jungen & Planlosen gehört (siehe nächstes Kapitel), passiert es schnell, dass er so im Laufe des Semesters zum belanglosen Zweitredner absteigt. Ruhe kehrt erst ein, wenn sich drei nahkampferprobte Kommilitonen erbarmen: Zwei halten den zappelnden Uni-Opa fest und der dritte nimmt ihm das Hörgerät ab. Ohne Funkkontakt fällt es ihm um einiges schwerer, sprachliche Störattacken gegen den Prof zu fahren, und der Vorlesungsbetrieb kann ohne Verzögerungen weitergehen.

Hast du allerdings die Zeit, dich in einer Freistunde mal in der Cafeteria zum Opi an den Tisch zu setzen – vor dir eine Tasse Kaffee, vor dem Opi eine Tasse Wasser mit seinem Gebiss –, findest du schnell heraus, dass der Opi vor langer Zeit auch nur ein Mensch gewesen ist und tatsächlich Dinge erlebt hat, gegen die der heutige Unistress nicht weiter wild erscheint. Sicherlich wird er sich freuen, wenn er merkt, dass ihm wirklich mal jemand zuhört. Und wenn er dir dann zur Abwechslung mal ein paar Anekdoten auftischt, die dich tatsächlich in ihren Bann ziehen, wirst du vor Spannung gar nicht bemerken, dass du die ganze Zeit aus seiner Tasse trinkst!

Stress: 76 Prozent der Studenten können in der Vorlesung nicht mehr durchschlafen!

Was kann man lernen?
Erstens: Fürs Studium ist es nie zu spät! Und zweitens: Selbst wenn du etwas mehr Zeit fürs Studium benötigst – so lange der Uni-Opa da ist, brauchst du dir absolut keine Sorgen zu machen, dass du irgendwann der älteste Student auf dem Campus sein könntest!

Was geht gar nicht?
Wenn der Uni-Opa bei der Klausur außen in der Sitzreihe Platz genommen hat, musst du beim Vorbeiquetschen tierisch aufpassen – sonst verhedderst du dich in den Infusionsschläuchen! Was außerdem nervt: Viele Seniorenstudenten sind nur unter Gewaltandrohung bereit, ihre wertvollen, lückenlosen Seminarmitschriften an dich herauszurücken!

MEIN PROF, DEIN PROF

Wer sich nach 13 bzw. 14 Jahren an die Schule gewöhnt hat, wird Lehrer! Wer sich nach 13 bzw. 14 Jahren an die Uni gewöhnt hat, wird Professor! Da ist absolut nichts Schlechtes dran! Ganz im Gegenteil, das ist schon gut so, denn ohne Prof hätte man niemanden, zu dem man aufblicken kann, wenn er in der Klausur plötzlich vor einem steht und wissen will, was man da innen auf die Bananenschale gekritzelt hat!

Natürlich, der Prof war auch mal Student, aber das waren andere Zeiten. Damals trugen die Damen die Biber im Sommer noch unter den Armen und nicht als Übergangsjäckchen in der BWL-Vorlesung! Strikte Anwesenheitspflicht gab's nur auf Demos! Und an fremdgesteuertes Powerstudieren unter der Woche und suizidales Flatratesaufen am Wochenende war damals gar nicht zu denken – dafür waren alle Mann viel zu bekifft! Soll heißen, die Profs können heute, müssen aber nicht unbedingt den besten Draht zu ihren Sprösslingen haben. Hinzu kommt das hin und wieder etwas missverständliche Vokabular:

PROF SAGT	PROF MEINT
„Sie sind gut vorbereitet, die Klausur wird nicht schwer!"	Sie haben ja keinen blassen Schimmer, was ich da alles reinpacke! Wähnen Sie sich nur in Sicherheit, aber bei *der* Klausur würde sogar Stephen Hawking weinend von der Brücke springen ... äh, rollen!

065

„Ich räume ja ein, der Test könnte etwas kniffliger ausfallen."	Eher knackt Naddel die Weltformel als Sie den Test!
„Ruhe dahinten!"	Ihr Lärm sagt mir, dass Sie noch wach sind – das freut mich, anmerken lasse ich mir das nicht.
„Ich hab Ihnen mal eine detaillierte Übersicht mitgebracht, auf der das Seminar aufbauen wird."	Keine Ahnung, was mein Hiwi, die Flachzange, da wieder zusammenkopiert hat!
„Die konvergente Autopoiesis der selbstreferentiellen Makroambivalenz extraordiniert die Axiome in der intertextuellen Hyporestriktionsdetermination."	Die konvergente Autopoiesis der selbstreferentiellen Makroambivalenz extraordiniert die Axiome in der intertextuellen Hyporestriktionsdetermination.
„Reichen Sie mir bitte die Taschentücher, Fräulein Denise Moonshine Spakowski!"	Wenn wir diese privaten Treffen fortsetzen, sorge ich dafür, dass es doch noch klappt mit Ihrem Abschluss in Atomphysik!

Mit Professoren ist es wie mit den Verwesungsgerüchen in einer Studentenküche: Es gibt viele unterschiedliche Arten, aber man erkennt nicht auf Anhieb, „aus welcher Ecke" sie kommen. Hast du's erst mal rausgefunden, fällt es viel leichter, sie zu bekämpfen! Soll heißen: Erkennst du deinen Prof, erkennst du deine Chance!

Der Alt-68er: Und täglich grüßt der Club der toten Dichter!

Der Alt-68er hat immer ein offenes Ohr für die Belange der Studenten. Zu besonderen Anlässen – „Es ist Wochenende! Sambuca für alle!" – geht er mit euch auch schon mal einen trinken, bleibt dabei aber trotzdem in seiner eigenen Welt. So wird der Lieblingscocktail des Alt-68ers beispielsweise erst angezündet und dann geworfen! Selbst nach nunmehr 40 Jahren flackert in den Augen des Alt-68ers noch das Feuer der Revolte. Die meisten Studenten von heute hält er deshalb für Muttersöhnchen und Waschlappen, die sich alles vom System gefallen lassen: „Studiengebühren?! Da hätten wir damals aber sofort mit dem Motorradhelm auf der Straße gestanden!" Wer sich in der Vorlesung offen als junger Liberaler – „Gelber Sack!" – zu erkennen gibt, muss sich da nicht wundern, wenn die Note am Semesterende ähnlich bescheiden ausfällt wie die aktuellen Unfragewerte der eigenen Partei.

Wie kleidet sich der Alt-68er?

Der Alt-68er wird ausgestattet von: Cord. Das Cordsakko mit Schonaufnähern an den Ellbogen ist der Klassiker! Ebenso die schwarz gerahmte Brille – gerne auch mit Fensterglas. Seine Seminarunterlagen verstaut er in einer speckigen, braunen Ledertasche, der man sogar noch aus der letzten Reihe ansieht, dass die Kuh, die dafür sterben musste, schon wirklich sehr lange tot ist!

Wie besiege ich den Alt-68er?

Wenn du beim letzten Hamburgausflug vom schönen Schanzenviertel nicht so viel gesehen hast, weil du ständig den Wasserwerfer im Gesicht hattest, wirst du gegen die Prinzipien des Alt-68ers womöglich gar nicht so viel einzuwenden haben! Ansonsten genügt es schon, wenn du in einer Wortmeldung nebenbei mal einbaust, „dass der Moritz mit seiner Leistung nicht an den echten Andreas herangereicht hat" – und du solltest keine größeren Probleme mit dem Alt-68er kriegen.

Der Genauigkeitssadist

Der Genauigkeitssadist kennt alle 1.278 Zeichensetzungsregeln persönlich, aber kein einziges Deo! Ganz wichtiges Erkennungs-merkmal: Genauigkeitssadisten riechen immer wie Ostereier, die man erst zu Weihnachten des nächsten Schaltjahrs findet! Oder man wünscht sich wenigstens, sie würden riechen, damit das hinterhältige Pack keine Weiber abkriegt! Der Genauigkeits-sadist ist ein Spielverderber, ein Typ, der in seinem Leben noch nie Spaß hatte und auch nicht haben will. Sein Haustier ist ein Stein und sein Hobby das Dokumentieren von tödlichen Geschlechtskrankheiten im Spätmittelalter! Er denkt bei Ab-sätzen nicht an High Heels, für ihn ist bei einer Frau – wenn er eine hätte – der Satzbau wesentlich wichtiger als der Körper-bau. Und wer in seiner Hausarbeit eine Passage aus einem Fremdtext nicht korrekt wiedergibt, der wird nicht länger als Mensch angesehen!

Die einzige echte Freundin, die der Genauigkeitssadist hat, ist die Anwesenheitsliste! Mit ihr geht er abends ins Bett und entdeckt hin und wieder zwei oder mehr Namen, die offen-sichtlich mit derselben Handschrift eingetragen wurden. Dann beschmutzt er, vor lauter Vorfreude auf das anschließende Ausfindigmachen und Rausschmeißen der Übeltäter, die gebügelte Bettdecke!

Wie kleidet sich der Genauigkeitssadist?

Er trägt meistens Anzug und Hemd. Die Frisur wurde von Natur aus fettig und gescheitelt geliefert. Seine Dokumente und Schreibutensilien transportiert er in einem spießigen schwarzen Koffer – vergleichbar mit dem eines Busfahrers, allerdings frei von jeglichen Gebrauchsspuren und mit Schnallen, die beim Aufschnappen klingen wie zusammengeschlagene Hacken.

Wie besiege ich den Genauigkeitssadisten?

Spray ihm Slogans ans Haus und schick ihm anonyme Erpresserbriefe, die allesamt vor Rechtschreib- und Zeichensetzungsfehlern nur so triefen ... Die nötige Korrektur dürfte ihn erst mal für ein paar Wochen außer Gefecht setzen!

Der Junge & Planlose

Der junge und planlose Dozent vereint gekonnt Unwissenheit mit Unsicherheit und ist somit im engeren Sinne eigentlich kein Feind, sondern dein Freund! Ob er ein richtig guter Freund wird, hängt maßgeblich davon ab, ob er auch keine Ahnung vom Notengeben hat! Beim Jungen & Planlosen kann so mitunter die total verkorkste Arbeit – mit der man im vorletzten Semester beim Genauigkeitssadisten noch durchgefallen ist – reanimiert werden und im zweiten Versuch wertvolle Punkte einfahren!

Droht die Luft in der Seminardiskussion für einen selbst trotzdem einmal dünn zu werden, lässt sich der Junge & Planlose mit ganz energisch vorgetragenen Behauptungen – „Natürlich ernähren sich Wale von Platon!" – relativ leicht einschüchtern.

Wie kleidet sich der Junge & Planlose?

Er unterwirft sich in der Regel dem ungeschriebenen Sakko-Gesetz. Allerdings kombiniert er das Sakko gerne mit Jeans und Turnschuhen der Sorte[12], mit denen man *nicht* in die Disco kommt, ja nicht mal auf die Party im Jugendzentrum! Insgesamt sieht der Junge & Planlose aus wie ein zu heiß gewaschener Schwiegersohn aus der Merci-Werbung der frühen 90er-Jahre und gehört damit heute zu einer vom Aussterben bedrohten Art.

Wie besiege ich den Jungen & Planlosen?

Du kannst ihn problemlos mit allen nur erdenklichen Finten und Streichen ausschalten, die du im Fachratgeber „Micky Maus" findest. Das Einzige, was du dann vielleicht bekämpfen musst, ist dein schlechtes Gewissen!

Der Gleichgültige

Der Gleichgültige zieht seine Vorlesung zum Thema „Islamische Aktmalerei des frühen 17. Jahrhunderts" auch dann noch seelenruhig durch, wenn ihm niemand im vollbesetzten Hörsaal zuhört. Sollte nach zehn Minuten erste Unruhe entstehen, zeigt er sich gänzlich unbeeindruckt davon. Nicht mal der zögerliche Einwurf seines Kollegen nach 20 Minuten: „Entschuldigung, das ist hier die Statistikvorlesung, ich bin zu spät, und Sie sind hier falsch!" kann ihn aus der Ruhe bringen.
Der Gleichgültige doziert wie ein Bildschirmschoner. Ihm gelingt das Kunststück, harmlose Sekunden auf entsetzlich

---

|12| *Die teuren Adidas mit zwei Streifen ... Gut, aber blinken können se!*

lange Stunden auszudehnen und man versteht endlich Dalís Bild „Die zerrinnende Zeit"! Komplett versunken in sein Manuskript guckt er dabei seltener hoch als Dirk Nowitzki auf einer Jockeyparty! Unentschlossene sind beim Gleichgültigen deshalb hervorragend aufgehoben: Planst du eine sprachwissenschaftliche Hausarbeit zum Thema „Weniger ist mehr: Der rückläufige Gebrauch von Umlauten im Türkischen", sattelst am Abend vor Abgabetermin aber spontan um auf „Eine Katalogisierung des Wahnsinns: die Artikelvielfalt im Englischen" – kein Problem! Der Gleichgültige wird die Änderung entweder gar nicht bemerken, oder es ist ihm vollkommen wurscht. Deine Note wird er später sowieso würfeln oder dir einfach noch mal dieselbe geben, die du schon in der letzten Arbeit hattest!

Besonderer Pluspunkt: Bevor im Seminar des Gleichgültigen jemals eine Anwesenheitsliste rumgeht, erscheint eher eine iranische Ausgabe des „FHM" mit den hundert heißesten Burka-Bräuten!

Wie kleidet sich der Gleichgültige?

Nur weil es die gesellschaftliche Norm verlangt, zieht er sich überhaupt an. Ihm persönlich wär's vermutlich auch schnuppe, wenn der universitäre Betrieb komplett in der Unterhose über die Bühne ginge. Gegen die mitunter waghalsigen Kombinationen, die sich zufällig ergeben, wenn der Gleichgültige morgens blind in den Kleiderschrank greift, wirken die Bühnenkleider von Lady Gaga wie Outfits von der Stange! Die Blätter für die Vorlesung stecken oft in einem Jutesack, einem ausgenommenen Kaninchen oder was sonst am Frühstückstisch griffbereit lag.

Wie besiege ich den Gleichgültigen?

Ähnlich wie beim Jungen & Planlosen ist es nicht wirklich nötig, den Gleichgültigen zu bekämpfen. Im Normalfall solltest du mit ihm keine größeren Probleme kriegen. Allenfalls die Notenvergabe kann ein gewisses Risiko bergen, weil auch hier die absolute Willkür herrscht! Hat sich der Gleichgültige eine besonders unerfreuliche Note für dich ausgedacht, bestich ihn vielleicht mit einer Wärmelampe für „die Pflanzen im Badezimmer". Oder du versuchst es mit dem in einem Nebensatz verpackten Hinweis, dass Papi nach der letzten Razzia von den Kripokollegen nur noch „der Spürhund" gerufen wird! Kann aber in die Hose gehen, denn: Nicht alle Gleichgültigen sind Kiffer! Nein, manche verticken das Zeug auch nur.

Der verkappte Entertainer: Liebe dich selbst, dann musst du nicht heiraten!

Für den verkappten Entertainer zählt das Wie weit mehr als das Was: In zehn Prozent der Fälle will er seine Studenten motivieren, in 30 Prozent den trockenen Stoff durch Anekdoten und Scherze auflockern, und in den restlichen 80 Prozent ist er schon damit überfordert, eine simple Aufteilung in Prozente wiederzugeben, ohne sich inhaltlich zu verzetteln! Der verkappte Entertainer hört sich selber unglaublich gerne reden. Was, ist dabei komplett zweitrangig, Hauptsache, die blonden Mädels mit den aufgeklebten Fingernägeln in den ersten Reihen haben dabei ein breites Lächeln auf dem Dekolleté!
Beim verkappten Entertainer kannst du nicht automatisch davon ausgehen, dass du zu hören bekommst, was das Vorlesungsverzeichnis verspricht. Als Entschädigung erhältst du private Einblicke in das Leben des Profs, garniert mit doppel-

deutigen Bemerkungen aller Art: „Edison hat ja auch nicht nur den ganzen Tag an Glühbirnen rumgeschraubt ... hahaha!" Was man dem verkappten Entertainer lassen muss: Fünf Vorlesungen bei ihm gehen schneller rum als eine einzige beim Gleichgültigen!

Wie kleidet sich der verkappte Entertainer?

Der verkappte Entertainer fällt weniger durch seine Kleidung auf – theoretisch ist hier vom Alt-68er bis zum Alten alles denkbar –, als vielmehr durch seine ausladende Körpersprache, von der sich jeder Flugzeugeinweiser noch was abgucken kann. Er ist überall zu finden, nur nicht hinter seinem Pult und bei seinen Unterlagen, häufig hat er die nicht mal dabei!

Was beim verkappten Entertainer von einer Vorlesung übrig bleibt

Accessoires des verkappten Entertainers: ein Diktiergerät, mit dem er seine eigenen Vorlesungen aufnimmt, zwei Flaschen Wasser zur Abkühlung und eine zersägte Jungfrau als Knallernummer in der Hinterhand.

Wie besiege ich den verkappten Entertainer?

Im Zweifelsfall besiegst du den verkappten Entertainer, indem du ihn als das nimmst, was er ist: Eine Belustigung für zwischendurch. Besuch seine Vorlesung ruhig zwei-, dreimal, bis du alle Scherze auswendig mitsprechen kannst. Die benötigten Punkte solltest du aber besser auf anderem Wege einfahren, da die vergebenen Noten des verkappten Entertainers ähnlich schwer vorherzusehen sind wie die des Gleichgültigen. Leichter wäre es da, die ständig wechselnden Partner von Semir Gerkhan bei „Alarm für Cobra 11" vorauszusagen!
Falls du drei Sätze geradeaus sagen kannst, wo vielleicht auch noch grammatikalisch richtig sind, dann solltest du außerdem vorsichtig sein bei: Referaten! Leute, die frei sprechen und eventuell sogar unterhaltsam sind, sieht der verkappte Entertainer schnell als Konkurrenten an! Kommst du an der Hausarbeit beim verkappten Entertainer nicht vorbei, gilt: Bei Quellenangaben sparsam sein mit Wikipedia, dafür möglichst auf jeder zweiten Seite ein Zitat aus einer Publikation, die der Entertainer selbst veröffentlicht hat! Unter einen Text, den er zur Hälfte mitgeschrieben hat, setzt der verkappte Entertainer beim besten Willen keine schlechte Zensur!

Der Alte

Der alte Professor hat vom Internet, vom iPhone 4 oder vom Fisher-Price-Lerncomputer noch nie etwas gehört. Völlig undenkbar für ihn, dass sich einer seiner wissbegierigen Studenten mit dem digitalisierten geistigen Eigentum anderer ausstaffieren und eine Arbeit einreichen könnte, die nicht zu hundert Prozent aus dem eigenen Füllfederhalter geflossen ist! So weit zu den nahe liegenden Vorzügen, die eine Vorlesung bei einem komplett vergreisten Professor mit sich bringt. Allerdings soll hier nicht einfach darüber hinweggegangen werden, dass es bei einigen hartgesottenen Originalen der älteren Gattung auch zu Problemen kommen kann à la: „Keine Weibsbilder in meiner Vorlesung!" Wer also eine breit angelegte Feldforschung plant zum Thema „Stillzeit" oder „Wie lange lassen wir uns von den Männern noch aussaugen?", der – oder besser gesagt die – sollte mit dem ausgearbeiteten Konzept vielleicht lieber direkt beim Gleichgültigen oder Jungen & Planlosen aufschlagen.

Wie kleidet sich der Alte?

Je nach Anlass trägt der alte Professor entweder Säbel und Uniform oder Tunika; den jungen Hüpfer erkennt man am Zweireiher! Seine Unterlagen trägt der schwitzende Steinmetz in die Vorlesung – der hat die Nacht durchgemeißelt, um die Vervielfältigung des Seminarprogramms fertig zu kriegen. Der Alte ist wirklich von gestern, dafür sprechen auch seine Accessoires: Schreibfeder, Tuscheglas, Monokel und das iPhone der ersten Generation.

Wie besiege ich den Alten?

Oft genügt dazu schon eine herzliche, ebenso lange wie feste Umarmung, und der Termin für die Abschlussprüfung verschiebt sich auf unbestimmte Zeit bzw. so lange, bis ein Nachfolger für den Alten gefunden ist.

Studentenleben

DAS STUDI-SURVIVALTRAINING – SO ÜBERLEBST DU OHNE MUTTI!

Plötzlich wohnst du nicht mehr zu Hause, und auf einmal ist alles ganz anders. Zwar tust du nichts, was du nicht auch vorher getan hättest, doch bald merkst du, irgendwas stimmt hier nicht ...! Die Socken bleiben in der Ecke liegen, die Haare verstopfen den Abfluss, das Geschirr wäscht sich noch seltener als du selbst – warum nur?! Nun, die Antwort ist erschreckend simpel: Das ganze Pack hat spitzgekriegt, dass Mutti weg ist, und lässt sich deshalb komplett gehen!

Die größte Pottsau ist natürlich alles, was ein Verfallsdatum besitzt! Du lernst schnell: Die Aggregatzustände „fest", „flüssig" und „gasförmig" sind keine Frage der Temperatur, nein, der Zeit! Egal ob öko oder nicht, nach drei Semestern in der durchsichtigen Plastiktüte, vergessen im Küchenregal hinter den Cornflakespackungen, der Kaffeedose und dem Brennspiritus, da ist das Karottenbündel flüssig! Da ist es pechschwarz und flüssig! Und wenn du rausrennst und dir auf halber Strecke zur Mülltonne der ganze Mist aufreißt, dann merkst du: Au Backe, gasförmig ist das Zeug ja auch!

Die Studentenzeit ist die Zeit, in der du zum ersten Mal beweisen musst, dass du alleine überleben kannst. Was Mutti all die Jahre über still im Hintergrund geleistet hat, wird erst jetzt sichtbar, da sie nicht mehr auf dem Posten ist. Ungewöhnliche Mutproben stehen dir bevor – du bist jetzt ein selbstständiger Erwachsener, da ist vieles neu: das erste Mal die Toilette putzen, das erste Mal ein Loch in die Wand bohren, das erste Mal essen ohne Lätzchen! Plötzlich stellen sich dir Fragen, über die du

„Bitte lesen Sie weiter, hier gibt es nichts zu sehen!"

früher nicht nachgedacht hast, nicht nachdenken musstest. Und du entwickelst eigenständige Ansätze zur Problemlösung: Was machst du, wenn die Bettdecke schmutzig ist? Du drehst sie auf links!

Insofern deine Familie nicht mit dem Wanderzirkus durch die Lande zieht, hast du auch vorher schon im klassischen Sinne gewohnt. Trotzdem ist das neue Zuhause eine fremde Umgebung, in der du an jeder Ecke auf unvorhersehbare Komplikationen stößt – und deren Bewältigung bisher nicht in deinen Zuständigkeitsbereich fielen. Ich habe zum Beispiel die erstaunliche Beobachtung gemacht: In derselben Geschwindigkeit, in der an den Polkappen das Eis schmilzt, sammelt es sich in meinem Gefrierfach an! Als ich nach einigen Monaten zum ersten Mal das Gefrierfach abgetaut habe, wäre ich fast ertrunken!

077

Der gute alte, unscheinbare Kühlschrank ist ein Gerät, das sich in der Studentenzeit als wahrer Zauberkasten entpuppt! Unglaublich, zu welch außergewöhnlichen Verwandlungskünsten er in der Lage ist!

Über Monate hinweg vergessene Eier von freilaufenden Landhühnern sind – bevor sie achtlos weggeworfen werden – oftmals nur noch einen Wimpernschlag davon entfernt, dass die Küken im Eierfach schlüpfen. Weiter hinten stößt man auf wahre Schätze: Teure Schimmelpilzkäsesorten wie den Bavaria blu oder den edlen Gorgonzola – der vor seiner wundersamen Metamorphose noch als Kondensmilch in den Kühlschrank eingezogen ist … Wer behauptet, Reisen in die Vergangenheit seien heute noch nicht möglich, der hat noch nie die Tür von meinem Kühlschrank geöffnet!

Hier spielen sich surreale Szenen ab, die einem mitunter die Tränen in die Augen treiben. Einfach bemerkenswert, wie Sahne und Salami mit ihrer dominanten Geruchsvielfalt auf sich aufmerksam machen, auch nachdem die Tür schon wieder eine halbe Stunde geschlossen ist. Wer die Luft anhält und die Tür auflässt, hat Zeit zum Staunen: Alles so schön bunt hier! Selbst der blasse Gouda vom letzten Jahr hat richtig schön Farbe bekommen!

Aber die Wohnung ist nicht der einzige Ort, an dem dich die neue Selbstständigkeit mit Herausforderungen konfrontiert. Woher soll der ungeübte Supermarktgänger wissen, welches Waschmittel das richtige ist? Was sind die ausschlaggebenden Unterschiede bei 216 Sorten Zahnpasta? Und wie zum Teufel funktioniert der Trick, mit dem man in der Gemüseabteilung nur einen Plastikbeutel abreißt, und nicht gleich die gesamte Rolle? Natürlich wissen wir alle, wie ein Supermarkt von innen aussieht! Früher sind wir regelmäßig mit Mutti hier gewesen. Doch irgendwie sind jetzt ein paar Dinge anders.

Erste große Enttäuschung: Du passt nicht mehr in den Sitz des Einkaufswagens! Außerdem findest du niemanden, der dich schieben will, nachdem du den Sitz zusammengeklappt und zwangsläufig im Einkaufswagen selbst Platz genommen hast. Da kannst du noch so zetern und heulen und an den Gitterstäben rütteln, die übrigen Supermarktkunden haben kein Einsehen.

Zweiter Schock: An der Fleischtheke gibt's keine Wurst mehr! Jahrelang hast du dich wie ein Pascha, im Klappsitz herum-lümmelnd, durch die Gänge schieben lassen. An der Fleisch-theke einmal rechts rangefahren, mit dem Finger geschnippt und schon wurde dir die gerollte Köstlichkeit herübergereicht – aber jetzt haben sie einfach die Spielregeln geändert! Gut, Vorteile gibt's natürlich auch: Du kommst endlich an die Sachen, die ganz oben im Regal stehen! Jetzt müsstest du halt nur noch wissen, was du kaufen sollst.

Mein Tipp: Wie so oft in unserer hochgradig technisierten Welt kommen die praktischsten Lösungen auch beim Einkaufen aus der Natur, genauer gesagt aus der Tierwelt. Um meine Wäsche kümmert sich jetzt der clevere Fuchs, der Biber mit den Kräu-tern sorgt für saubere Zähne, der Tiger liefert wertvolle Mine-ralien in der Cornflakesschüssel und der charmante Bär hält den Popo sauber! Nur beim Kakao gibt's Probleme: Hier buhlen der Hase auf der einen und Affe sowie Bär auf der anderen Seite um deine Gunst! Aber im Zweifelsfall ist Milch alleine ja eh gesünder.

Wieder zu Hause, die Einkäufe ausgepackt, geht's weiter mit den Premieren im soeben eingeläuteten Zeitalter der Selbstständigkeit. Das erste Mal selber kochen ist wirklich eine denkwürdige Erfahrung! Du solltest dir einen Augenblick Zeit nehmen, um dieses eindringliche Erlebnis sacken zu lassen: Da stehst du in der Küche, hast mit deinen eigenen Händen die Raviolidose aufgemacht und den Inhalt auf den extra dafür vorbereiteten Teller gekippt! Großartig! Geht doch! Du hast das Zeug zum Chefkoch und erkennst: Kochen ist gar keine so große Hexerei, wie alle immer sagen! Wenn du jetzt noch einen ausgetüftelten Zwischenschritt bei der Zubereitung einfügst und die Ravioli beim nächsten Mal in einem Kochtopf erhitzt, ist es nicht mehr weit bis zum ersten Michelin-Stern! Natürlich muss erst mal klein anfangen, wer ein Starkoch werden will. Aber mit ein wenig Übung hast du die Basics der kostengünstigen studentischen Küche schnell im Griff.

DIE ZEHN BELIEBTESTEN STUDENTENGERICHTE

PLATZ 10   Toast

PLATZ 9   Toast getoastet

PLATZ 8   „Toast de luxe": Toast getoastet – mit Butter!

PLATZ 7   Hamburger

PLATZ 6   zwei Hamburger

PLATZ 5   Ravioli

PLATZ 4   Ravioli, warm gemacht

PLATZ 3   Spaghetti

PLATZ 2   Spaghetti mit Ketchup

PLATZ 1   Tiefkühlpizza

Gutes selbst gemacht: Ketchup & drei Scheiben Toast – fertig ist der Studi-Big-Mac!

Dazu sei nun Folgendes angemerkt: Die Allzweckwaffe Ketchup ist nicht nur eine besonders leckere Soße für die Nudeln! Nein, Ketchup auf Toast ist auch ein hervorragender ergänzender Brotaufstrich. Und Ketchup erhitzt mit ein bisschen Pfeffer abgeschmeckt ist nun wirklich eine Eins-a-Tomatensuppe und macht als kleiner Appetizer vorneweg jedes Gericht perfekt!

Auch wenn's simpel klingt, Gefahren lauern überall! Selbst die Zubereitung des einfachsten Gerichts will gelernt sein. Meine erste Tiefkühlpizza hat beispielsweise ziemlich beschissen geschmeckt. Ich wusste erst nicht, woran's lag. Bis zufällig meine Nachbarin rüberkam und meinte: „Dann mach doch nächstes Mal die Plastikfolie ab!"

Es ist also gut, wenn man weiß, wie was geht! Hier also das kleine Werker-Einmaleins der anspruchsvollen Studentenküche:

KAFFEEKOCHEN

SCHWIERIGKEITSFAKTOR: 1 von 5 verbrannten Oberlippen
ZUTATEN: Kaffee
ZUBEREITUNG: Kaffee kochen

Wichtig beim effizienten „Studenten-Kaffeekochen" ist, dass du genügend alte Kaffeereste in der Bude auftreiben kannst! Und dann ist Vorsicht geboten: Es stimmt, dass Kaffee bitter schmeckt, wenn man ihn ein zweites Mal in der Mikrowelle aufbrüht. Also unbedingt daran denken, die zusammengeschütteten Kaffeereste in einem Topf auf dem Herd zu erhitzen, sonst ist der ganze Zauber dahin! Für Freunde des gepflegten Espressos folgender Tipp: Die Kaffeereste einfach derartig lange auf kleiner Flamme einkochen, bis sie die Konsistenz von Lakritze angenommen haben, in ein Tequilaglas, eine Filmdose oder Ähnliches umfüllen, und fertig ist der kleine anregende Mokka für zwischendurch!

RÜHREI

SCHWIERIGKEITSGRAD: 2 von 5 unvorteilhaft aussehenden Flecken auf der Hose
ZUTATEN: Eier
ZUBEREITUNG: Eier in die Pfanne hauen

GESCHIRRSCHONENDE ZUBEREITUNG: Man nehme zwei bis vier FRISCHE Eier – nicht die, die noch im Kühlschrank sind! – und steche sie jeweils oben und unten mit einer Nadel an. Danach eine Pfanne auf den Herd stellen und darin Butter erhitzen. Jetzt positionierst du dich mit dem Kopf direkt über der Pfanne, führst jedes Ei einzeln mit dem Loch an den Mund und pustest das ganze flüssige Gesumse mit Hochdruck in die Pfanne, genau wie zu Ostern! Vorteil bei dieser Methode: Der Eischnodder hat sich bereits von selbst großflächig in der Pfanne – und drum herum – verteilt und muss nicht mehr extra umgerührt werden. Nachteil: Wenn du am Abend zuvor feiern warst, platzen dir noch mehr Adern in den Augen als Eier in der Hand! Mit einem Esslöffel Ketchup abschmecken – guten Appetit!

PFANNKUCHEN À LA WERKER

SCHWIERIGKEITSGRAD: 3 von 5 Klümpchen im Teig
ZUTATEN: 3 Brötchen vom Vorvortag – gerne auch älter, 0,25 Liter Milch, 3 Esslöffel Zucker, 3 Esslöffel Honig, 2 Tabletten Rennie, 1 Tüte Maaloxan

ZUBEREITUNG: Die Brötchenreste über Nacht in einer Schüssel mit Milch einweichen. Am nächsten Morgen den eventuell oben auf der Milch schwimmenden Schimmel abschöpfen und den Rest mit Zucker, Honig, den pulverisierten Rennies und der Tüte Maaloxan verfeinern, anschließend zu einem teigähnlichen „Gulp" zusammenquirlen. Im Ofen bei 200 Grad 20 Minuten ausbacken und dann in runde Stücke ausschneiden – et voilà: fertig ist der Pfannkuchen! Kleiner Tipp: Gourmets servieren dazu eine frisch geöffnete Flasche Ketchup!

Kommen wir aber nun zu meinem absoluten Lieblingsgericht:

SONNTAGABEND-GOURMETMENÜ À LA WERKER

SCHWIERIGKEITSSTUFE: 5 von 5 Schwelbränden

ZUTATEN: sechs 15er-Packungen Käpt'n iglos feinste Quadratmuräne, 2 Gläser Nacho-Käsedip, 1 Flasche Becherovka

---

ZUBEREITUNG: Die 90 Fischstäbchen auf einem Backblech wie einen Jengaturm zusammenschichten und für ca. 15 Min. bei 220 Grad Umluft in den Ofen schieben. Danach die beiden Gläser Käsedip über die gestapelten Fischstäbchen geben und für 15 Min. im Modus „Obergrill" rösten. Den fertigen Prachtbraten mit zwei Flaschen Ketchup garnieren und am Stück auf dem noch heißen Blech servieren. Als besonderen Gaumenschmeichler empfiehlt sich nach jedem Fischstäbchen ein kleiner Becherovka auf ex. Wohl bekomm's!

Lange Rede, kurzer Sinn: Die Küche ist für den Jungstudenten absolut unbekanntes Terrain. Hier hat er sich bis dato noch seltener aufgehalten als die Stürmer von Hertha im gegnerischen Strafraum. Da ist aller Anfang schwer! Estragon ist für viele nichts weiter als ein bulgarischer Nationalspieler, Koriander klingt nach Eidechse – woher soll man's auch besser wissen? Die Sicherung muss schon erst ein-, zweimal rausfliegen, bis man kapiert hat, dass die Metallkonserve in der Mikrowelle absolut nichts verloren hat! In der Regel ist für die Außenwelt schnell ersichtlich, dass du plötzlich für die eigene Verpflegung zuständig bist. Irgendwann fragen dich deine Tanten: „Junge, bist du aber dünn geworden! Hast du Magersucht?!", und du antwortest: „Nein, ich hab nur zwei Herdplatten!"

Komfortabler geht's in einer WG-Küche zu – allerdings machen mehr Bewohner auch mehr Schmutz. Im Normalfall befindet sich die klassische Studentenküche in einem toxischeren Zustand als das Endlager Gorleben. Ich kenne viele Studentenbuden, vor denen sich in regelmäßigen Abständen Greenpeace-Aktivisten anketten. Nur zu Prüfungszeiten glänzt alles blitzblank! Das muss man selbst gesehen haben, sonst glaubt man's nicht: Ein Student, der eigentlich am Schreibtisch sitzen und seine Hausarbeit fertig tippen müsste, räumt plötzlich auf, wischt und fängt an zu putzen, kurz: ist so ergiebig wie zehn Kärcher Hochdruckreiniger und 20 Flaschen Sagrotan zusammen! Wer das perfekte Verbrechen plant, sollte unbedingt einen Studenten im Prüfungsstress dabeihaben, der hinterher den Tatort feucht durchwischt: Eine Kernsanierung ist nichts gegen diese unbeschreibliche Putzwut – die Spurensicherung wird nicht den geringsten Krümel finden!

> *Für die Zeiten, in denen sich keiner deiner Mitbewohner oder du selbst im Prüfungsstress befindet, sei folgende Weisheit verinnerlicht: Schmutziges Geschirr schimmelt nicht, wenn man's einfriert!*

Eine Welt für sich ist das Badezimmer. Wer schon mal eine von Kalk und Schimmel zerfressene Studentendusche gesehen hat, weiß: Eine Sturmflut ist nicht das größte denkbare Übel, das Wasser anrichten kann! Oder positiv formuliert: Die Feuchtbiotope der Regenwälder mögen bedroht sein – im subtropischen Klima des WG-Badezimmers können die exotischsten Lebensformen ungestört keimen und gedeihen. Hier unten in der Ecke wachsen rote Pilze, dort oben an der Decke wuchert etwas moosartig Grünes. Das Studentenbad ist ein intaktes Ökosystem, seit Jahren durch keine Eingriffe des Menschen gestört. Der einzige Schwamm, den das Badezimmer zu Gesicht kriegt, wächst unbemerkt im Toilettenkasten vor sich hin, bis er irgendwann den Deckel nach oben drückt, gleichzeitig die Stopp-Mechanik blockiert und am Ende das ganze Badezimmer überflutet ist. Was wiederum für eine natürliche Auslese innerhalb des WC-Biotops sorgt, denn entgegen der Annahme, die ihr Name suggerieren mag, können Silberfische nicht schwimmen!

Wenn wir über die neuen Gegebenheiten sprechen, auf die du dich im Studentenalltag einstellen musst, dürfen wir ein Thema nicht vergessen: deine Mitbewohner! Wichtigste Bezugsperson in der Kindheit ist der Fernseher, dann kommt der Game Boy, knapp gefolgt von den Eltern. Wir alle sind den Umgang mit Menschen in unserer häuslichen Umgebung also mehr oder weniger von klein auf gewohnt. Mit dem WG-Leben allerdings begibst du dich auf ein ganz neues, abenteuerliches Level der sozialen Gemeinschaft! Gegen die Eskapaden, die dir hier bevorstehen, wirken selbst die Exzesse im Hause Osbourne wie lahme Kaffeekränzchen.

WG-MITBEWOHNER – DIE FREAKSHOW IM ZIMMER NEBENAN

In der Regel werden die Mitbewohner unterteilt in menschliche, tierische, pflanzliche sowie bakterielle Gruppen. Du hast also weit mehr Mitbewohner, als du auf den ersten Blick annehmen könntest, und nur die wenigstens davon zahlen pünktlich ihre Miete. Schauen wir uns an dieser Stelle diejenige Gruppe ein wenig genauer an, die häufig am meisten Probleme macht: die menschlichen Mitbewohner. Ihre Artenvielfalt ist wahrlich bemerkenswert! Hier kann dir wirklich alles begegnen! „Zu dumm" oder „zu blöd" waren Ausschlusskriterien fürs Wohnen, als man sich das Lehmdach über dem eigenen Kopf noch selbst töpfern musste. Diese Zeiten sind vorbei! Wohnen kann heutzutage jeder Depp, der in der Lage ist, ein Klingelschild auszutauschen.

Der Penible

Der Penible ist der Bürokrat unter den Mitbewohnern. Jeden abgeschnittenen Fußnagel, den er im Badezimmer findet, sammelt er ein, klebt ihn auf ein DIN-A4-Papier und heftet es ab. Der Penible erstellt den Putzplan, kontrolliert, ob das Licht ausgeschaltet wird, wenn jemand als letzter den Raum verlässt, und meckert, wenn zur Mittagsruhe zwischen 15 Uhr und 18 Uhr irgendwo zu laut Musik läuft. Der Penible unter den Mitbewohnern kann schnell anhand seiner Macken erkannt werden: Er verlässt sein Zimmer zum Beispiel ausschließlich im tadellosen, vollständig bekleideten Zustand. Auch für den morgendlichen Gang zur Dusche zieht er sich komplett an. Nacktheit ist für ihn kein natürlicher, sondern ein abnormaler Zustand. Öffentliche Nacktheit gar eine auf das Schärfste zu verurteilende Regelwidrigkeit! Am durchschnittlichen studentischen WG-Frühstückstisch, an dem fünf anwesende Mitbewohner statistisch zwei Bademäntel und vier Unterhosen tragen, kommt es mit dem Peniblen daher in kürzester Zeit zu handfesten Auseinandersetzungen.

Nützlich ist der Penible allerdings, wenn Dinge vermisst werden oder Vorräte zur Neige gehen. Er weiß zu jeder Zeit, wo der

Werkzeugkasten ist und wann eine neue Familienpackung
Kondome gekauft werden muss. Außerdem kann er dir ver-
lässlich Auskunft darüber geben, wann der nächste Bus oder
die nächste Bahn zur Uni fährt, welches Seminar in welchen
Raum verlegt wurde und wie dein Prisma-Horoskop für den
heutigen Tag ausfällt!
Fazit: Wer einen Peniblen in der WG hat, wird öfter zum Putzen
aufgefordert, als ihm vielleicht recht ist, läuft dafür aber auch
garantiert nicht Gefahr, in der eigenen Bude sofort komplett
zu verwahrlosen!

Der Schnoddrige

Der schnoddrige Mitbewohner – ein seltsamer Kauz! Er ist nur
schwer zu fassen, was auch daran liegt, dass seine Haut sehr
glitschig ist. Vielleicht ist der Schnoddrige innerlich mit sich
im Reinen, äußerlich kann man das nur bedingt behaupten.
Gegen den schnoddrigen Mitbewohner wirkt Mickey Rourke
nüchtern und gepflegt. Der Durchschnittsstudent wechselt
sein Studienfach häufiger als der Schnoddrige sein T-Shirt –
Waschtag ist beim Schnoddrigen immer am 29. Februar. Das
hat natürlich auch was für sich: die Waschmaschine oder den
Wäscheständer belegt der Schnoddrige ganz sicher nie! Dafür
ist der Haufen schmutzigen Geschirrs auf der Spüle fast genauso
hoch wie der Burj Khalifa in Dubai. Unter statischen Gesichts-
punkten ist das beeindruckend, sorgt aber für Argwohn bei
den wenigen Mitbewohnern, die in der Küchenzeile mehr
sehen als einen Geschirrschrottplatz.
Der Schnoddrige lässt es ruhig angehen, er verlässt das Haus
so gut wie nie und verbringt mehr Zeit im Sitzen als Al Bundy.
Allerdings guckt er nicht die ganze Zeit über Fernsehen – nein,

manchmal schiebt er auch 'ne DVD rein oder spielt PlayStation! Noch mehr Zeit als auf der Couch verbringt er im Bett. Wenn der Schnoddrige 16 Stunden am Stück gepennt hat, ist er meistens so fertig, dass er sich erst mal 'ne Runde hinlegen muss. Im Zimmer des Schnoddrigen würde sich jeder Vampir pudelwohl fühlen: Hier riecht es richtig schön muffig, ist es angenehm kühl und das Sonnenlicht bleibt – dank heruntergelassener Rollos – den ganzen Tag über ausgesperrt. Im Schlaflabor könnte sich der Schnoddrige in Windeseile eine goldene Nase verdienen, wenn er denn mal vor die Tür ginge! Tut er aber nicht. Dementsprechend ist der Schnoddrige auch seit acht Jahren im dritten Semester – die Regelstudienzeit zu packen, ist für ihn so realistisch wie ein Defizit von unter drei Prozent für Griechenland. Wenn der Schnoddrige so weitermacht, sind irgendwann die Kinder der Leute, mit denen er das Studium begonnen hat, vor ihm fertig. Den Schnoddrigen würde das aber selbstverständlich nicht im Geringsten beeindrucken: Wer sich eh schon abseits des Kurses befindet, den kann nichts mehr aus der Bahn werfen!

Fazit: Fürs schlechte Gewissen ist es Gold wert, einen schnoddrigen Mitbewohner in der WG zu haben! Denn im Vergleich zu seiner Schnoddrigkeit sieht die eigene längst nicht mehr so schlimm aus!

Der Freak

Der Freak sieht aus wie eine absurde Mischung aus Karlsson vom Dach und dem Räuber Hotzenplotz. Der Schnoddrige mag in den Augen des Peniblen sozial ein wenig auffällig sein, aber der Freak toppt das mit links! Er ist nun wirklich das exakte Gegenstück zum peniblen Mitbewohner. Entsprechend tobt zwischen diesen beiden ein härterer Kampf als zwischen Batman und Joker, Superman und Lex Luthor, Gerhard Delling und Günter Netzer. Der Freak trägt ein eingelaufenes T-Shirt mit der Gummibärchenbande vorne drauf und einen aus Alufolie gebastelten Helm zur Abwehr von Aliens, die seine Gedanken lesen wollen. An guten Tagen trägt er auch eine Hose. Aber die guten Tage sind eher selten geworden, seit seine Kröte „Herr Kampmann" weggelaufen ist. Was er allerdings nicht weiß – und ihr habt auch darauf verzichtet, es ihm mitzuteilen: Eine Mitbewohnerin hat „Herrn Kampmann" auf der Suche nach einem verloren gegangenen Ring zufällig eingeklemmt und vertrocknet hinterm Herd wiedergefunden. Da der Freak schon im Normalzustand – falls man davon sprechen kann – unberechenbar ist, wolltet ihr nicht riskieren, dass er wegen der schlechten Nachricht vollkommen durchknallt!

Eigentlich sind Haustiere in der Wohnung ja auch verboten, ihr seid euch jedoch ziemlich sicher, dass der Freak in seiner Wohnhöhle noch viel ausgefallenere Tierarten als „Herrn Kampmann" hält ... Doch bis jetzt hat sich noch niemand dazu bereit erklärt, das Zimmer des Freaks ohne ABC-Schutzanzug zu betreten, um mal nachzusehen. Nachts dringen sonderbare Klopf- und Sägegeräusche aus dessen Zimmer, die eure Neugierde zusätzlich befeuern. Aber ihr könnt nur vermuten, was der Freak da hinter verschlossener Tür bastelt. Die Tür zu öffnen wäre zu riskant. Ihr müsst das Schlimmste befürchten: Sprengfallen, Selbstschussanlagen mit Giftpfeilen oder lebensgroße Pappaufsteller von Daily-Soap-Darstellern.

Legendär sind die Auftritte des Freaks auf WG-Partys, die nur schleppend anlaufen: Neben den „selbstmörderischen Körperkrämpfen" und Zuckungen, die der Freak in stocknüchternem

Zustand auf der Tanzfläche darbietet, wirken selbst unbeholfene Kopfnicker wie Turniertänzer. Wo der Freak vorbeifegt, ist kein abgestelltes Glas sicher! Ruck, zuck ist Stimmung in der Bude – bis der Freak den Fehler macht und zu Hochprozentigem greift! Entgegen den schlimmsten Befürchtungen habt ihr festgestellt: Alkohol hat auf den Freak eine Wirkung wie auf einen Dreijährigen. Von der einen auf die andere Sekunde bekommt er große Augen und rote Wangen, wird ganz still und will auf den Arm genommen werden. Dann schläft er friedlich ein – und hat endlich für ein paar Stunden „Herrn Kampmann" und die Aliens vergessen.

Fazit: Der Freak ist ein entfesseltes Naturschauspiel! Wer nicht gut mit Kindern kann, hat endlich die Chance, am Freak ausgiebig zu üben!

Der Fremde

Die Gattung des fremden Mitbewohners ist im Normalfall nur in größeren WGs anzutreffen, da Bedingung für die Existenz des Fremden ist, dass er nicht auf Anhieb als solcher erkannt wird. Der Fremde liegt irgendwann in der Küche auf der Couch, wenn du nachts nach Hause kommst. Am nächsten Morgen liegt er immer noch da. Du vermutest, dass er zu irgendeiner deiner Mitbewohnerinnen gehört, die ihn nach einem Krach aus dem Zimmer geschmissen hat. Deine Mitbewohnerinnen vermuten dasselbe von den jeweils anderen Mitbewohnerinnen. Oder es ist der Kumpel eines Mitbewohners – und dass man da nicht zu zweit im Bett pennt, ist ja (außerhalb von Köln) nicht verwunderlich.

Dann ist der Fremde plötzlich spurlos verschwunden, genau wie dein letzter Joghurt aus dem Kühlschrank. Dafür taucht der nächste Typ auf, dessen Herkunft und Zugehörigkeit ungewiss ist. Er sitzt mit einem Bier im Wohnzimmer vor dem Fernseher und grüßt freundlich, als du einen Blick hineinwirfst. Irgendjemand, der bei irgendeinem anderen zu Besuch ist, vermutest du und löschst den Typ aus deinem Gedächtnis. Er fällt dir erst wieder ein, als der neu gekaufte Joghurt futsch ist!

Je nachdem, wie groß deine WG ist, kann mit der Zeit die Zahl der immer neu auftauchenden Fremden weiter zunehmen, bis du irgendwann gar keinen mehr kennst und selbst zum Fremden in deiner eigenen WG geworden bist! In diesem Fall bleibt dir nur eins: Greif dir so viel Joghurt aus dem Kühlschrank, wie du tragen kannst, und mach die Biege – bevor du als Fremder enttarnt wirst!

Fazit: Fremde stören nicht weiter, solange sie dir in der Straßenbahn begegnen oder im Park den Mantel vor dir öffnen. Sobald sie aber damit anfangen, nachts in dein Zimmer zu kommen und die Stereoanlage abzubauen, musst du einschreiten!

Das Pärchen

Manche Mitbewohner stellen sich alleine vor, ziehen dann aber zu zweit in die WG ein. Handelt es sich dabei um einen Fall von schizoider Persönlichkeitsstörung, helfen Medikamente, handelt es sich hingegen um ein frisch verliebtes Pärchen, hilft nur Ohropax! Das Pärchen ist wie die Wildecker Herzbuben: man kriegt es nur im Doppelpack zu Gesicht. Entweder das Zimmer ist verwaist, dann herrscht angenehme Ruhe. Oder beide sind da, dann geht's zur Sache! Am Anfang kreischt nur der Lattenrost, aber das jede Nacht. Später fliegen bei den ersten aufkommenden Ehekrisen die „verbalen Fetzen": Es wird gebrüllt und mit den Türen geknallt. Dann ist kurz trügerische Ruhe, bevor wieder der Lattenrost kreischt.

Wer gleich mehrere Pärchen in der WG hat, braucht keine Doku-Soaps mehr! Den ganzen Tag nur Gekeife und Gezeter und nachts ein Gebumse und Gestöhne, dass dir die Ohren abfallen. Für den Außenstehenden bedeutet das natürlich passiven Stress und Verminderung der Wohnqualität. Ein einziges energie-geladenes Pärchen kann durch seine Penetranz eine ganze Wohnung in Schutt und Asche legen. Ich habe schon Mietver-träge gesehen, in denen stand: Haustiere und Pärchen verboten! Wer mal im Prüfungsstress eine Woche lang jede Nacht wach gelegen hat, weil die eigene Klausurphase dummerweise genau mit der Paarungszeit im Nebenzimmer zusammengefallen ist, wird sagen: „Völlig zu Recht!"

Fazit: Um mit der Situation klarzukommen, gibt es zwei Lösun-gen. Entweder du bist ein ausgeglichener Zeitgenosse und hast von Natur aus einen sehr festen Schlaf, oder – besser noch – du bist selbst Teil eines Pärchens!

Der Problembeauftragte

Der Problembeauftragte zieht Probleme magisch an. Wohnen ist für ihn kein Spaß, sondern ein Fulltimejob! Wenn er grad kein passendes Problem finden kann, macht er sich selbst eins. Er ruft eine WG-Vollversammlung ein, weil er diskutieren will, ob man nicht im Kühlschrank die Birne rausdrehen sollte, um Strom zu sparen. Und das ist sein voller Ernst! Der Problembe-auftragte hat zu viel Zeit und keine Hobbys und beschäftigt sich deshalb ausführlich damit, die zwischenmenschlichen Komponenten des WG-Lebens in ihre Bestandteile zu zerlegen. Er weiß immer genau, wer grade wen nicht mehr lieb hat und warum. Er will einen festen Spielabend pro Woche einführen, um das Wir-Gefühl der WG zu stärken. Er platzt ohne Anzuklopfen ins Zimmer rein, wenn du dich gerade mal zurückgezogen hast, um dir in Ruhe von deiner Freundin die Spaghetti vom Bauch essen zu lassen. Leider lässt sich der Problembeauftragte nur schwer aus der WG entfernen, weil er es häufig ist, der den Mietvertrag abgeschlossen hat. Ob der Problembeauftragte häufiger weiblichen oder männlichen Geschlechts ist, darüber darf gestritten werden. Oft lautet die Antwort: keins von beidem so richtig! In jedem Fall hält er die ganze WG auf Trab. Da kann es vorkommen, dass du aus dem Urlaub zurückkommst und dein komplettes Zimmer steht im Flur, weil der Problembeauftragte festgestellt hat, dass im Badezimmer die Wände feucht sind, und deshalb einfach mal – ohne vorher nachzufragen – damit begonnen hat, in der gesamten WG die Tapete runterzureißen!

Fazit: Wer einen Problembeauftragten als Mitbewohner hat, braucht keine Feinde!

Der Abwesende

Die GEZ schaut öfter bei euch vorbei als der abwesende Mitbewohner. Über seinen aktuellen Aufenthaltsort lassen sich immer nur vage Vermutungen anstellen. Zuletzt soll er auf einem Festival in Großbritannien gesichtet worden sein, dort hat er angeblich eine Frau kennengelernt, mit deren kleiner Familie (zwei Kinder von drei verschiedenen Männern) er per Schiff nach Thailand übersetzen wollte – und dort verliert sich seine Spur. Die Miete der vergangenen Monate hat er vor zwei Wochen in bar per Luftfracht geschickt, kurz bevor der Problembeauftragte eine WG-Vollversammlung einberufen konnte, um einen endgültigen Beschluss in dieser Sache zu fassen. Ihr seid bei der Bank auf nicht besonders viel Gegenliebe gestoßen, als ihr mit der Schubkarre voll 100-Baht-Scheine (Gegenwert: 2,49 Euro) aufgekreuzt seid, aber klar ist: Wer die Miete zahlt, der ist vollwertiges Mitglied der WG – rausschmeißen ist also nicht drin! Allerdings habt ihr entschieden, die Lebensmittel, die der Abwesende im Kühlschrank zurückgelassen hat, nach einer Schonfrist von nunmehr sechs Monaten im WC beizusetzen. Seitdem muss man in der Küche nicht mehr ständig durch den Mund atmen. Ungelöst ist dagegen noch das Problem mit der Post des Abwesenden, die sich im Flur stapelt. Dummerweise hat er gleich drei Tageszeitungen abonniert! Sollte der Problembeauftragte mal wieder über Nacht die ganze Bude, das Treppenhaus und die Außen-

Abwesender Mitbewohner und ich (v. l. n. r.)

fassade in einer anderen Farbe streichen wollen, dürfte er jedenfalls keine Probleme damit haben, den Fußboden abzudecken!

Fazit: Alles in allem ist der Abwesende ein umgänglicher Mitbewohner. Nie hat er die Musik zu laut aufgedreht, nie lässt er die Kaffeemaschine an – dafür putzt er allerdings auch nie das Klo!

Unterm Strich kann man festhalten: Wer Mitbewohner hat, dem wird's so schnell nicht langweilig! Wo gewohnt wird, da fallen Späne, und wer die wieder wegmacht, will erst mal ausdiskutiert sein! Eine bunte Mischung an Mitbewohnern ist am Anfang schon etwas Ungewohntes. Klar ist aber auch, dass man sich mit der Zeit arrangiert, Gemeinsamkeiten entdeckt, zusammenwächst und am Ende nicht selten zu richtig guten Freunden wird. Und die braucht man dringend! Um sich beispielsweise nicht so alleine zu fühlen im erbarmungslosen Kampf gegen:

DIE NATÜRLICHEN FEINDE DES STUDENTEN

Noch nicht allzu lange ist es her, da konnte man bedenkenlos die Nivea Creme verputzen, den Hamster mit dem Feuerzeug enthaaren oder mit der Geflügelschere nachschauen, wie der Teddybär von innen aussieht – und dann einfach unschuldig auf den kleinen Bruder zeigen, wenn es Ärger gab. Das ging in den meisten Fällen gut, nur anfangs noch nicht: „Nein, David, dein kleiner Bruder hat den Teddy bestimmt nicht halbiert. Er ist erst sechs Wochen alt!" Bei Problemen in der Nachbarschaft: „Ihr Junge hat zu unserem Jungen gesagt, er hätte eine nackte Frau geküsst!", bei Prügeleien auf dem Spielplatz: „Nicht mit der Schüppe, David, das tut dem Pitbull auch weh!", bei Stürzen

096

mit dem zu großen 20-Zoll-BMX-Rad: „Kopf hoch, Junge, sind ja nur Milchzähne!", lief man einfach nach Hause, dann gab's ein Pu-der-Bär-Trostpflaster, und die Sache war erledigt! Oh, du süße, sorgenlose Zeit!

Heute, als Student, da sich deine übelsten Feinde nicht mehr einfach dadurch vertreiben lassen, dass du nachts das Licht brennen lässt, müssen ganz neue Strategien her! Schließlich stehst du nun alleine, ohne Mutti und Plastikschüppe, einer ganz anderen Kategorie von Gegnern gegenüber ...

NC

Der Numerus clausus ist ein kleiner, gemeiner Wicht, von dem du meistens erst dann Notiz nimmst, wenn es bereits zu spät ist. Er taucht am Ende deiner Schulzeit plötzlich auf und macht dir einen Strich durch die Rechnung. Das besonders Gemeine daran: Der NC ist wie ein Spitzname. Hast du dir erst mal einen eingefangen, wirst du ihn dein Leben lang nicht mehr los! Besser ist also: Du findest deinen NC okay! Damit das passiert – also am Ende ein passabler NC auf dem Zeugnis steht –, musst du auf besondere Hilfsmittel zurückgreifen. Bei vielen ist der NC am Ende trotzdem nur durchschnittlich, weil der Voodoo-Zauber irgendwie nicht richtig funktioniert hat, die Opfergaben zu spartanisch ausgefallen sind, die Wundertränke falsch gemixt waren oder einfach, weil der Lehrer alle Spickzettel entdeckt hat.

GEZ

Die Gebühreneinzugszentrale ist ein Anti-Robin-Hood: Sie nimmt das Geld der armen Studenten und gibt es den reichen, öffentlich-rechtlichen Rundfunkanstalten! Und die haben dann

nichts Besseres zu tun, als mit dem riesigen Berg Kohle Horror-
formate zu produzieren wie „Feste der Volksmusik" oder „Waldis
WM-Club"! Eigentlich müsste man deshalb mal wegen Verbrechen gegen die Menschlichkeit in Den Haag vor Gericht ziehen!
Wo ist der Studentenprotest, wenn man ihn wirklich braucht?
Aber es geht noch weiter: Wer glaubt, die Zeiten der Bespitze-
lung und des allgemeinen Misstrauens seien in Deutschland
vorbei, der irrt. Die Paranoia geht weiter, der GEZ sei Dank!
Insofern du kein Bafög erhältst und dadurch von den GEZ-
Gebühren befreit bist, musst du ständig auf böse Überraschun-
gen gefasst sein: Schreck lass nach, wer hat da grade an der Tür
geklingelt? Ist es die GEZ, haben sie mich gefunden? Oder ist es
nur der Nachbar? Vielleicht arbeitet der ja für die?! Zögerlich
gehst du zur Gegensprechanlage: „Jaaa …?" Keine Reaktion! In
deinem Hirn pochen Fragen, auf die du keine rechte Antwort
weißt: Beschatten sie mich? Warten sie unten, bis ich den Fernseher wieder anschalte? Sitze ich schon so gut wie in der Falle?
Und vor allem: Seit wann habe ich eine Gegensprechanlage?!
Doch bevor es so weit kommt, dass du dich nicht mehr traust,
in deiner eigenen Wohnung die Tür zu öffnen, bevor die GEZ
persönlich vorbeischaut, werden dir ja erst mal jede Menge
Vorboten gesandt. Die Abgesandten des Bösen kommen für
gewöhnlich in Schwarz – hier flattern sie dir in Form lind-
grüner Briefumschläge ins Haus. Erst einer, dann zwei, dann
drei … Die GEZ-Schreiben sammeln sich in deinem Briefkasten
schneller an als die gerichtlichen Vorladungen im Briefkasten
von Franjo Pooth! Ich wollte diese unaufhörliche schriftliche
Belästigung irgendwie in den Griff kriegen und hab mal einen
Aufkleber am Briefkasten angebracht: „Keine Zeitung. Keine
Werbung. Keine GEZ!" Hat nix genützt.

GEZ ABWIMMELN: *Wenn die GEZ tatsächlich vor der Tür steht, ganz wichtig: Cool bleiben, komplett dumm stellen und jede Frage des GEZ-Vollstreckers langsam wiederholen – das schafft Zeit, sich die passenden Antworten zu überlegen: „Guten Tag!" ...*

„Nein, ich habe keine anzumeldenden Geräte in meinem Haushalt. Das einzige meldepflichtige Gerät, das hier ab und zu vorbeischaut, ist meine Freundin aus Polen, haha, aber die ist grad bei ihrer Lerngruppe!" ...

„Das glauben Sie mir nicht? Wieso?" ...

„Nein, das ist keine Fernbedienung in meiner Hand, das ist eine Cola-Flasche! ...

„In der anderen Hand meinen Sie? Nein, das ist auch keine Fernbedienung, das ist eine ... okay, jetzt ham Sie mich erwischt, das ist eine Fernbedienung, aber die ist für die, äh, die ist für die Rollos!" ...

„Sie können von hier aus sehen, das da gar keine Rollos an den Fenstern sind? Das ist richtig, die Rollos sind auch nicht vor den Fenstern, sondern, äh, die Rollos sind vor der Küchenzeile! Praktisch, was?!" ...

„Ob Sie kurz reinkommen dürfen? Äh, das is grad schlecht!" ...

„Warum es grad schlecht ist? ... Äh, weil die Rollos vor der Küchenzeile nicht runtergelassen sind! Den Anblick will ich Ihnen nicht zumuten!" ...

„Dann soll ich eben kurz mit der Fernbedienung die Rollos runterlassen? Äh, das geht nicht, äh, weil, äh, die Batterien sind leer! ... Ich wollte auch grade los, neue kaufen, jetzt sofort! Ich kann Sie leider nicht reinlassen, ich bin spät dran: Ich muss weg!"

Stadtwerke

Wenn dir plötzlich schwarz vor Augen wird, war die aufgemachte Sahne Jahrgang '98 doch kein so edler Tropfen, wie dir der marokkanische Gemüsehändler vorhin versichert hat –

oder die Stadtwerke haben dir den Saft abgedreht. Jetzt siehst du die Hand vor Augen nicht, was ja rein optisch dem Zustand vieler Studentenbuden erst mal zugutekommt. Da stellt sich die Frage: Das bisschen Strom, komm ich nicht auch ohne aus? Ravioli mach ich eh nie warm, Telefon geht ja noch – für den alten Apparat mit Wählscheibe brauch ich keinen Strom –, und im Fernsehen läuft eh nur Mist, passt! Spätestens wenn du realisierst, dass der Rechner ohne Strom bedeutend länger zum Hochfahren braucht als ohnehin schon, überlegst du: Warum

Romantik muss nicht teuer sein: Einfach die Stadtwerkerechnung nicht bezahlen!

drehen mir die Penner einfach ohne Vorwarnung den Saft ab?! Nun, deine Verärgerung ist absolut verständlich! Nur haben dir „die Penner" wahrscheinlich mehr als eine Vorwarnung geschickt – die Briefe sind in der GEZ-Lawine in deinem Briefkasten bloß komplett untergegangen! Die Stadtwerke sind ein knallharter, unnachgiebiger Gegner. Sie sitzen am längeren Hebel. Und den haben sie bereits umgelegt, deshalb riecht der Kühlschrank jetzt noch übler als vorher. Der Käse, die Salami, der Joghurt – alle sterben einen qualvollen Hitzetod, doch die Stadtwerke lässt das kalt. Da helfen auch keine halbherzigen Mitleidsappelle: „Wie soll ich denn überweisen, wenn Sie den Strom nicht wieder einschalten?" ...

„Was soll ich machen? Nicht online überweisen? Wissen Sie, wie weit die nächste Post weg ist?! Und wie früh die schon zumachen???!!!"

Abgabetermine

Um es kurz zu machen: Abgabetermine sind hinterhältige Bastarde! Von allen natürlichen Feinden des Studenten werden sie am häufigsten unterschätzt. Wenn sie noch weit weg sind, wirken sie harmlos, stören nicht weiter und lassen sich wie andere kleine Nebensächlichkeiten des Alltags – Geburtstage von Verwandten, Müllabfuhrtermine, Blut im Stuhl – relativ leicht ignorieren. Auf der Titanic war aus zehn Kilometern Entfernung von dem Eisberg auch nicht mehr zu erkennen als ein friedliches, mattes Glänzen am Horizont.

Ab 30 verbleibenden Tagen bis zur Deadline beginnst du dann erstmals damit, die Sache durchzurechnen. Ganz entspannt natürlich, kein Stress, keine Panik auf der Titanic! Bei einer 40-seitigen Hausarbeit machst du folgende todsichere Rechnung auf: Noch 30 Tage, das bedeutet, ich muss pro Tag lächerliche 1,33 Seiten schreiben. Ich bin diszipliniert, wenn ich es sein will, kein Thema, das krieg ich hin!

Zehn Tage später rechnest du zur Sicherheit noch mal nach:
Noch 20 Tage, das bedeutet, ich muss jetzt täglich lächerliche
zwei Seiten schreiben, das ist 'ne runde Sache, umso besser, wär
ja auch viel zu schwierig gewesen, immer genau eine und 'ne
drittel Seite zu schreiben! Bruchrechnen war noch nie mein
Ding – läuft!

Zehn Tage vor dem Abgabetermin sind es vier Seiten pro Tag,
jetzt gehst du langsam, aber sicher auf Kollisionskurs. Es wird
Zeit, sich nach einem Arzt umzusehen, der dich wegen der
beiden eingewachsenen Barthaare für zehn Tage krankschreibt,
dann bist du wieder bei zwei Seiten täglich, alles easy-pisi!

48 Stunden vor dem Abgabetermin: Du hast nirgendwo einen
Arzt auftreiben können, der sich auf die krumme Nummer
einlässt. Der Prof ist ein Genauigkeitssadist und hat dir mit-
geteilt, dass die Deadline nicht verhandelbar ist! Du trinkst
eine Kanne Kaffee und machst mit kühlem Kopf eine neue
Rechnung auf: Nicht mal eine Seite pro Stunde! Pah, lächerlich! Du hüpfst erst mal acht Stunden auf deinem Bett herum,
um von der Kanne Kaffee runterzukommen und auf eine Seite
stündlich aufzurunden – das Allerletzte, was du jetzt brauchen
kannst, ist Bruchrechnen!

24 Stunden bis zum Ablauf des Ultimatums ... An sich bist du
ein cooler Typ, hast die Tricks alle drauf, machst auch schon
mal gerne 'ne Plombe im Zahn mit dem Kronkorken auf und so
weiter, doch jetzt kommt langsam der Speedy Gonzales durch!
Deine Pumpe schlägt schneller als die Faust von Chuck Norris –
aber du hast endlich angefangen zu schreiben! Jetzt ist es ein
reiner Wettlauf gegen die Zeit! Nur du und der Computer. Du
verschmilzt mit der Tastatur, noch zwölf Stunden ... auf den
ersten Tasten lösen sich die Buchstaben auf, noch sechs Stun-

den ... du schreibst jetzt schneller auf der Tastatur als deine
Freundin SMS auf dem Handy, noch eine Stunde ... du hast 30
Seiten produziert! Respekt, das ist mehr als ein Quizshow-
anrufer in seinem ganzen Leben liest! Plus Deckblatt, drei
Seiten Inhaltsverzeichnis und sieben Seiten erfundene Quellen-
angaben – fertig ist das Ding! Noch zehn Minuten! Ausdrucken,
mit dem Taxi zur Uni, abgeben und ... geschafft!!! Bleiben am
Ende sogar zwei Minuten und 30 Sekunden übrig. So viel
Zeit hätte auch genügt, um die Titanic haarscharf am Eis-
berg vorbeizusteuern. Es geht doch nichts über ein gutes
Zeitmanagement!

Digitale Anmeldesysteme

Von der Existenz eines digitalen Anmeldesystems („Was für ein
Anmeldesystem?") erfahren viele erst, wenn sie im Seminar
sitzen und nicht auf der Liste stehen („Was für eine Liste?").
Sind die Scharlatane aufgeflogen, die sich offensichtlich nicht
ordnungsgemäß angemeldet haben, wird man Zeuge eines
Schauspiels, bei dem sich den Universitätsgründern der Magen
umdrehen dürfte: Die Studenten werden allesamt des Raums
verwiesen!

Die unbeschwerten Tage, an denen jeder Student jede Vorlesung
besuchen konnte, wie und wann er wollte, sind gezählt! Heute
herrscht Anwesenheitspflicht, alles ist bis auf die Raucherpause
genau durchstrukturiert und teilnehmen darf nur, wer das
„tricky" Anmeldesystem im Uni-Intranet geknackt hat – ein
schweißtreibendes Unterfangen, gegen das die Eroberung von
Troja anmutet wie eine Schnitzeljagd! Die Anmeldelabyrinthe
sind von Uni zu Uni unterschiedlich, aber in der Regel so vor-
sintflutlich konzipiert, dass die Suche nach dem Bernsteinzim-

mer Erfolg versprechender erscheint als die nach dem richtigen Seminar! Hast du endlich gefunden, wonach du suchst, heißt es, abwarten und Tee anbauen – denn in der Regel wirst du erst kurz vor Semesterbeginn darüber in Kenntnis gesetzt, ob deine Anmeldung erfolgreich war. Falls nicht, hast du leider die Arschkarte gezogen. Dann heißt es für dich im nächsten Semester: neues Spiel, neues Glück!

Die Amokgefahr an deutschen Hochschulen wird von Experten derzeit auf etwa 1,85 Prozent geschätzt. Das klingt nicht besonders hoch. Dazu muss man jedoch sagen: Vor der Einführung der digitalen Anmeldesysteme lag die Schätzung bei 0,0 Prozent!

Kontoauszug

Einer der bekanntesten natürlichen Feinde des Studenten. Bei den meisten Kommilitonen ist das Blatt Papier mehr wert als die Summe, die darauf gedruckt ist. Der passende Spruch dazu lautet: „Warum ist am Ende des Geldes immer noch so viel Monat übrig?" Natürlich verhält es sich mit dem Kontostand wie mit der Außentemperatur: es gibt einen realen und einen gefühlten! Und der gefühlte liegt immer über dem katastrophalen realen Kontostand – neben dem der Haushalt von Griechenland blendend aussieht. Selbst wenn man knietief im Dispo steckt, wird abends gerne mit dem letzten Bargeld 'ne Lokalrunde ausgegeben. Die 3,69 Euro für den kleinen Einkauf zwischendurch bringen einen am nächsten Tag an der Supermarktkasse in arge Bedrängnis: Kartenzahlung nicht möglich! Da heißt es dann so lange durch die Gänge streifen und fremde Einkaufswagen zusammenschieben, bis man das Abendbrot zusammenhat!

Knapp bei Kasse zu sein ist ja im Übrigen ein Thema, das sich bei den meisten durchs gesamte Studium zieht – so auch bei mir – und verdient deshalb an dieser Stelle einen kurzen, gesonderten Kommentar:

NEBENJOBS – MIT KLEINEN TRICKS ZUM GROSSEN GELD!

Ich kann mich noch genau an den Tag erinnern, an dem mir aufging, dass ich jetzt wohl oder übel einen Nebenjob brauche. Es war der Tag, an dem ich in die Falle eines natürlichen Studentenfeinds tappte, in die der GEZ! Plötzlich sollte ich auf einmal zwei Jahre GEZ nachzahlen – so viel Leergut hab nicht mal ich zu Hause! Dabei hatte ich, als sie geklingelt hatten, glaubhaft versichert, ich besäße kein anzumeldendes Gerät! Bisschen blöd, dass die meinen Flyer von der Uni dabeihatten: „Heute 17:45 Uhr ‚Verbotene Liebe' gucken beim Werker, Verbotenes mitbringen, Liebe hab ich da!"

Da stand ich nun und brauchte auf die Schnelle einen Nebenjob – aber nicht so was, was heute jeder Depp machen kann: also Fließbandarbeiter, Parkplatzanweiser, Außenminister. Ich brauchte was, das nicht anstrengend ist, eine sitzende Tätigkeit oder besser noch im Liegen ... Blutspenden zum Beispiel! Macht einmal pieks, gibt 25 Euro und man fühlt sich den restlichen Tag wie ein Jamaikaner. Bei uns an der Uni steht oft so ein Blutspendemobil. Könnte man mal hingehen – da is nie viel los. Okay, klar, zum Spenden muss man nüchtern sein! Hab ich mal flott durchgerechnet, also 431,52 Euro, das heißt, äh, 18-mal Blutspenden, macht neun Liter ... super, und danach direkt zur Twilight-Mottoparty, hab ich die Schminke schon mal gespart!

Blutspenden: Nur was für ganz harte Kerle!

Alle, die sich in ähnlichen akuten Geldnöten befinden, können nachvollziehen, wovon ich rede! Es ist schwieriger, als man denkt: Wie treibt man als Student unkompliziert Geld auf? Gut, ich hätte ein paar Wikipedia-Artikel durch den Mixer drehen und das Ergebnis als Diplomarbeit bei „Hausarbeiten.de" hochladen können; ich hätte endlich mal meinen nagelneuen 3er-BWM abholen können, für den ich schon tausendmal „genau jetzt um 17:35:12 Uhr" im Internet ausgewählt worden bin ... ich hab dann was anderes probiert: Ich hab mir am späten Abend 'ne Schürze umgebunden, bin bei mir um die Ecke in 'ne total überfüllte Kneipe gegangen, hab mich an den Tisch gestellt und gesagt: „Tschuldigung, ich mach jetzt Feierabend, könnt ich schon mal abkassieren?" Hat 185,20 Euro gebracht! Aber kurz bevor ich an der Tür war, stand plötzlich der fiese große

Bruder von Bushido vor mir, der aussah wie „Bernd das Brot"
mit ein bisschen viel Kruste: „Hey, Moment mal, Junge!!"

„Äh, jaaa ...?"

„Hier, dein Trinkgeld!"

Gut, noch mal hab ich das dann nicht gemacht. Ich hab
andersrum überlegt: Wo könnt ich denn als Student Geld sparen? Sicher, die eben erst gebuchten acht Wochen Bulgarien
„all inclusive" – weg damit ... eh ein bisschen blöd gebucht,
mitten in der Klausurzeit. Und die Original-eins-zu-eins-
Nachbildung der Enterprise, in die ich mich neulich nachts auf
„QVC" verguckt hatte – gestrichen! Und die laufenden E-Bay-
Versteigerungen für den LCD-Bildschirm, das iPhone, die
Original-Benjamin-Blümchen-Autogrammkarten, das Knight-
Rider-LED-Aufrüstset für mein Fahrrad, okay, okay ... alles
gestrichen! Dann überlegte ich weiter: Vielleicht sollte ich
auch mal so 'ne herzzerreißende Kettenmail schreiben: „Hilfe,
bitte!!! Der kleine David braucht ganz schnell 'ne neue Leber,
Niere, Lunge, Herz, Bandscheibe und Pansen. Wenn nicht ruck,
zuck 2.000 Euro zusammenkommen, werden du und deine
Familie verflucht!" Kontonummer drunter und gut!

Ich hätte mich auch als Inspektor vom Gesundheitsamt aus-
geben können und mal geguckt, was die Dönerbude um die
Ecke nach zwei Jahren für eine erneute Nichtschließung
rausrückt! Das wären alles nette Möglichkeiten, aber nicht so
ganz das Richtige. Tja, und wie das so ist, wenn man wirklich gar nicht mehr weiterweiß, geht man am Ende sogar in
die Kirche! Kann ich an dieser Stelle nur empfehlen, hat mir
sogar echt weitergeholfen! Ich rate allerdings zu einem Platz
in den hinteren Reihen – da ist der Korb mit der Kollekte voller
als vorne!

Nachdem auch der Bildungssektor von Sparmaßnahmen betroffen ist und die meisten wegen der vielen Urlaube und ausufernden Partys beim besten Willen nicht mehr wissen, wie sie das Geld für Studiengebühren, Semesterbetrag usw. auftreiben sollen, führt die allgemeine Geldnot gelegentlich zu einem lustigen Phänomen.

Dabei kann man sogar beobachten, wie Leute, die ohnehin nicht arbeiten, ihre Arbeit demonstrativ niederlegen! Die Rede ist vom:

STUDENTENSTREIK

Hin und wieder kommt es vor, dass man sich sagt: Soll nicht meine Sache sein, dass bei den meisten Kommilitonen die Körperpflege genau denselben Stellenwert hat wie bei Opa damals an der Ostfront – schon okay! Aber müssen diese unrasierten Deppen jetzt neuerdings auch noch in meinem Hörsaal pennen ...?!

Mir ist es jedenfalls schon so ergangen! Zugegeben, *mein* Hörsaal ist vielleicht etwas übertrieben. Allerdings hatte ich mich nach wochenlanger Abstinenz in die Uni gequält – notgedrungen, um ein überfälliges Buch zurückzugeben (im Klartext: drei Euro mehr Verleihgebühren und ich wäre Inhaber der Verlagsgruppe geworden; „Der kleine Wassermann" ist aber auch ein Knaller-Buch!) –, wollte auf dem Rückweg mal kurz einen Blick in die Vorlesung riskieren, erhielt jedoch bloß eine barsche Abfuhr: „Seminar entfällt!"

Wie? Was? So jetzt reicht's mir aber, dachte ich mir, als junger, dynamischer, wissbegieriger Student bist du doch in diesem Land verraten und verkauft! Ich reiß mir täglich von 13 bis 14 Uhr in der Raucherecke, der Mensa oder im Café den Arsch auf, um endlich nach vier Jahren das Grundstudium zu schaffen, und werde dann vom Professorenmangel ausgebremst?! Wie soll ich denn da dem Druck der internationalen Bildungselite standhalten, wenn hier die Vorlesungen schneller wegbrechen als die Küste von Sylt?! „Nee", sagte da einer, „der Prof ist anwesend, die Kommilitonen haben den Hörsaal besetzt, die streiken!"

Wat? Streiken? Und wieso erfahr ich das denn als Letzter? Wozu bin ich denn 27 Stunden am Tag bei diesem verdammten „twitter", wohne im „studiVZ", lebe bei „facebook", atme nur noch online, bin immer und überall … und dann planen diese aufgeweckten, abgeklärten Jungs und Mädels von jetzt auf gleich einen Streik – nur über Mundpropaganda?! Das geht doch nicht!

„Versteht mich nicht falsch", rief ich sogleich, „ich bin für die Sache, für euren Streik! Und gegen … äh, na, Dings hier! Wogegen protestiert ihr noch gleich?"

Auch andere hinzugestoßene Erstsemester kommentierten fachkundig: „Bologna? Is das was mit Spaghetti?!"

Aber wieso muss ich erst vor dem besetzten Hörsaal stehen, es später aus dem Internet und viel, viel später aus den restlichen veralteten Medien erfahren? Wieso hat mich denn keiner eingeladen? Hey, ich bin doch ein Student genau wie ihr, ich geh auf die gleiche Uni wie ihr – na gut, zumindest ab und zu! Is doch wahr, ein Streik ohne mich is doch wie Heino ohne Hannelore, wie ein Engländer ohne Sonnenbrand, wie Winnetou ohne Old Dingenskirchen, ich bin doch der personifizierte Streik! Ich bestreike schon seit Jahren sehr erfolgreich die Flurwoche und mein Badezimmer, ich weiß, wovon ich spreche! Ich will auch mitspielen!!!

Student

Student im Streik

Verstoßen und mit einem Gefühl großer Unwissenheit trollte ich mich nach Hause und fragte mich: Wie muss man sich das eigentlich vorstellen, so eine ultrageheime Streikorganisation der Weisen und Großsemestrigen? Hängt da ein eingeschworener Studi-Ausschuss zusammen, keiner denkt sich was, und urplötzlich stößt einer hervor: „Hey, wir hängen nur rum, wir machen nix und sind uns auch nicht zu fein, mal im Schlafsack zu pennen! Wie könnten wir das gezielt gegen das System einsetzen?"

Und ein anderer antwortet: „Komm, wir ziehen einfach um, aus dieser vermiefen Puffbude, unserem AStA-Büro, rüber ins frisch gestrichene Audimax!"

„Genau", wirft da ein Dritter ein, „und das Ganze nennen wir, äh, Demo, nee, is im Freien, Mist, Castor … nee, auch nicht, Festival, ganz falsch … ja, jetzt hab ich's: Bildungsstreik!" – So, ungefähr?

Bitte, bitte, bitte politisch nicht falsch verstehen, der Spitzenfußballer wie der moderne Wähler sollte von sich behaupten können: Ich kann links wie rechts! Ist mir persönlich doch total egal, dass ich Gregor Gysi UND Silvana Koch-Mehrin im „studiVZ" gut finde, na und? Und ich rasier mich ja selbst noch seltener als der Yeti, alles kein Thema. Aber wofür häng ich hier denn seit gefühlten tausend Jahren in Siegen rum – und dann geht die geilste Party ohne mich ab?! Das ist doch gemein!

Es ist wie so oft: In Wirklichkeit ist alles viel unspektakulärer, als es im Fernsehen und in der Presse dargestellt wird! Alle paar Monate werden da irgendwo Bilder von ansprechenden Oben-ohne-Studentinnen abgedruckt, die ihren Körper selbstlos in den Dienst der

Revolte stellen, beschmiert mit Fingerfarbenparolen wie: „Bildung kostet uns das letzte Hemd!" Angesichts dieser Eindrücke sagt dann natürlich manch einer auf Anhieb: „Streik? Geil, bin ich dabei!"
„Das geht aber nicht?"
„Warum nicht?"
„Weil Sie der Hochschuldirektor sind!"
Aber mit der Realität hat das doch nix zu tun – leider!

LOST IN TRANSPORTATION – STUDENTEN UNTERWEGS

Egal ob du zum körperbetonten Studentenstreik in die City willst oder einfach nur zur Uni: die meisten greifen in diesem Fall auf Bus und Straßenbahn zurück. Früher oder später kennt man deshalb die Fahrpläne auswendig wie manch abgehalfterter C-Promi die Tarife vom Escortservice. Sagen wir mal, in der Großstadt fährt deine Bahn immer um zwölf nach, 22 nach, 32 nach, in der Kleinstadt immer um 12:12 Uhr, 13:12 Uhr, 14:12 Uhr und in Siegen immer am 12.01., 12.02., 12.03. ... Nein, das ist natürlich Quatsch! In Siegen gibt's überhaupt keine Straßenbahn! In Siegen ist es generell nicht ganz so einfach wie andernorts: In Siegen funktioniert der öffentliche Nahverkehr überhaupt nur dann, wenn die Kutscher nicht streiken ... Und wenn das Pack grade mal nicht streikt, sind die meisten viel zu besoffen, um die Peitsche zu halten! In diesem und in anderen Fällen ist es deshalb clever, auf andere Arten der Fortbewegung auszuweichen.

Wem der Segway zu tuntig aussieht und wer sich nach dem letzten 20-Meter-Absturz mit dem günstig in China bestellten Jetpack noch nicht gleich wieder auf den Hüpfball traut, der hat nur zwei Möglichkeiten, die fünf Kilometer bis zur Uni zu bewältigen: Entweder deine Freundin nimmt dich Huckepack oder du steigst aufs Fahrrad!

Ich hab mich für Zweiteres entschieden, obwohl Ersteres auf jeden Fall schneller gegangen wäre! Mein Fahrrad ist nämlich nicht mehr das neueste, und das merkst du mit jedem Tritt: Das Teil hat 'nen Geradeauslauf wie Margot Käßmann bei der Alkoholkontrolle! Mein Fahrrad ist so verkehrssicher wie 'n Bobby-Car auf der A 3. Und der Zustand insgesamt, eijeijei – dagegen steht Whitney Houston voll im Saft! Tja, was soll ich sagen, meine klapprige, alte Gazelle ... in der Savanne wär sie längst gefressen worden! Gut, einen Vorteil hat's: Abschließen brauch ich das Teil definitiv nicht, so blöd ist keiner! Im Ernst, wer mein Fahrrad klaut, der saugt auch Filme mit Jimi Blue Ochsenknecht.

Andererseits ist das mit den Studentenfahrrädern sehr praktisch: Falls du deinen Drahtesel grade mal nicht dabeihast, Ersatz findet sich an jeder Ecke! Die Deutsche Bahn hat ihre Leihfahrräder als mega Innovation verkauft, dabei ist es vom Prinzip her absolut nix Neues! Potenzielle Studentenfahrräder sind ja in der Regel sehr leicht zu erkennen: keine Klingel, kein Licht, keine Reflektoren, keine Gangschaltung, keine Bremse. Im Grunde ist so 'n Kinderlaufrad solider ausgestattet als ein Studentenfahrrad! Allerdings ist die Sache nicht ganz ungefährlich, wie jeder weiß, der schon mal mit so einem Ding im Winter über eine abschüssige, vereiste Pflastersteinstraße geholpert ist. Das bestätigen übrigens auch ausgewiesene Experten: In der offiziellen Hitliste der tödlichsten Fahrzeuge kommen zuerst der Panzer und die mobile Flak, aber dann folgt schon das Studentenfahrrad! Wer weiter als fünf Kilometer muss, sollte das gute Stück deshalb besser gleich im Gebüsch liegen lassen und sich nach Alternativen umsehen.

Mobil mit Stil: das Studentenfahrrad

Die nächste komfortablere Klasse heißt Mitfahrzentrale oder Deutsche Bahn. Auf der einen Seite beengtes Sitzen mit seltsamen Vögeln, die du dir vorher nicht aussuchen kannst, und auf der anderen Seite beengtes Sitzen mit seltsamen Vögeln, die du dir vorher nicht aussuchen kannst! Im Grunde hast du nur die Wahl, wo du endlose, nervtötende Zwischenhalte einlegen möchtest: an schmierigen Raststellen in der Pampa, weil einer der Mitfahrer mehr als nur pinkeln muss, oder an schmierigen Bahnsteigen in der Pampa, weil die Böschung brennt.

Fünf Merkmale, an denen du erkennst, dass du mit der Deutschen Bahn unterwegs bist:

Aus den Boxen ertönt ein Englisch, das so klingt, als würde das Kind von Günther Oettinger und Guido Westerwelle die Durchsage machen.

Ein ziemlich ungepflegter Typ mit übler Alkoholfahne kommt alle paar Minuten vorbeigeschlurft und fragt jedes Mal: „Hier noch jemand zugestiegen?"

Ein Typ, der seine Ed-Hardy-Kappe nicht „auf", sondern „über" dem Kopf sitzen hat, hört über sein Handy extrem laute, orientalische Musik, die klingt, als würde grade jemand einen ganzen Wurf Katzen zersägen.

Der Typ und seine Katzen werden noch übertönt von einer Gruppe Seniorinnen, die – großes Hallo! – heute mal ganz verrückt mit der Bahn einen Ausflug in die Stadt macht und anlässlich dieses ausgeflippten Events grade ihr achtes Sektchen entkorkt.

Wie Klosterschülerinnen wirken allerdings die Seniorinnen gegen die schwitzende Junggesellengruppe, die grölend durch die Wagen zieht und eine Schneise der Verwüstung hinterlässt. Einer stolpert, kippt dir sein Bier über den Kopf und du bereust, dass du nicht mit der Mitfahrzentrale gefahren bist.

Fünf Merkmale, an denen du erkennst, dass du deine Reise über die Mitfahrzentrale gebucht hast:

30 Minuten nach dem vereinbarten Abfahrtstermin hast du ganze 0,1 Kilometer zurückgelegt, allerdings nur, weil du am Kiosk um die Ecke Kaugummis geholt hast – von dem motorisierten „Mitfahrzentralist" fehlt bis jetzt jede Spur.

Ihr seid endlich unterwegs, der Fahrer raucht eine Kippe nach der anderen, aber leider sind die elektrischen Fensterheber auf beiden Seiten kaputt – so riecht man wenigstens kaum noch, dass in dem Wagen anscheinend sonst die meiste Zeit sehr große, sehr nasse Hunde mitfahren.

In einem Kreisverkehr fährt der Fahrer eine spontane Ehrenrunde. Das findest du erst mal halbwegs lustig, nach der fünften Runde fragst du dann mal höflich nach, was die Scheiße soll! „Is keine Absicht", gibt der Fahrer zu verstehen, „die Karre zieht irgendwie nach links!" Ihr haltet auf der inneren Spur an, was in der Rushhour auf wenig Verständnis bei den übrigen Verkehrsteilnehmern stößt, und erkennt das Problem: Plattfuß vorne links! ... Die Stunde Wartezeit für den ADAC kommt wie gerufen, um die miefige Karre mal gründlich durchzulüften.

Kaum seid ihr nach einem gefühlten halben Tag endlich auf der Autobahn, nimmt der Fahrer schon wieder die Ausfahrt, weil er einer entfernten Verwandten versprochen hat, die Waschmaschine, die sie nicht mehr braucht, mitzunehmen – ob du eben kurz beim Tragen helfen könntest?

Mit der Waschmaschine auf dem Schoß – die Kofferraumtür des Lada hat sich vom Zirkulieren im Kreisverkehr komplett verzogen – geht die Reise weiter, und du bereust langsam, dass du nicht mit der Bahn gefahren bist.

Bist du selbst im Besitz eines verkehrstüchtigen Pkw? Oder nennst du zumindest einen Smart dein Eigen? Dann kannst du dich echt glücklich schätzen – damit hast du den meisten Studenten etwas voraus! Ich persönlich habe seit Neuestem ein Auto, und das ist kein gewöhnliches, nein, ich hab ein sehr besonderes Auto! Bestimmt kennst du diese amerikanischen Monstertrucks mit diesen riesigen Reifen, die so mit 200 Sachen über 20 Schrottautos springen! Ja, richtig – ich hab genau so ein Schrottauto! Ich will jetzt auch nicht behaupten, dass meine Karre total durchgerostet ist, aber der Beifahrer hat mehr Fußraum als Fred Feuerstein in seinem Auto!

Eine alte Karre hat aber auch Vorteile. Bei manchen Autos befindet sich untendrunter so ein kleiner Riemen, der beim Fahren über den Boden schleift und das Auto erdet. Da denk ich mir doch: Was für ein Quatsch! Wozu hab ich den Auspuff?! Gut, dadurch ist der Wagen natürlich relativ langsam. Die Karre ist aber gleich *sooo* langsam – wenn ich ins Navi[13] „schnellste Route" eingebe, lacht die Frauenstimme und sagt: „Steig aus und lauf!" Trotzdem kann ich mit dem Ding noch Sachen überfahren, das geht. Was hab ich zuletzt überfahren? Wie heißen die, die stehen bleiben, wenn sie vom Licht geblendet werden? Äh ja, Rentner! Gut, das is nix Weltbewegendes, so 'nen freilaufenden Rentner hat jeder schon mal gesehen. Ein Freund von mir hat im Norwegenurlaub einen ausgewachsenen Hirsch plattgemacht – und nachher durfte er das Geweih als Trophäe behalten! Da war ich echt ein bisschen neidisch. Gut, andererseits, wenn du bei mir zu Hause reinkommst: die Geh-

---

|13| *Das Navi war ein Geschenk meiner Eltern – und ist mehr wert als das ganze Auto!*

hilfe über dem Kamin ist auch ganz nett! Nein, Quatsch! Bei mir hängt natürlich nicht wirklich 'ne Gehhilfe über dem Kamin! Hallo?! Ich hab ja gar keinen Kamin. Nein – die Gehhilfe hängt über dem Bett.

Studentenleben XXL

WOCHENENDE

Gehen in der Uni nach einer Woche voller Hektik, Kaffeemiss-brauch und Kopierstress am Donnerstag pünktlich um 13:30 Uhr die Lichter aus, strömen erleichterte Studenten scharen-weise ins wohlverdiente Wochenende. Aber: Jetzt beginnt der Stress erst recht! Ein gelungenes Wochenende ist leichter gesagt als geplant: Ob Festival, WLAN-Party oder Rotkehl-chenschießen im Vogelpark – was du dir vorstellen kannst, das kannst du auch tun: Free your mind and the rest will follow! Also, hau die Hacken in den Teer und gib Gas! Die einen gehen auf das Konzert des Jahres, die anderen zu Xavier Naidoo. Die einen machen was los, die anderen veranstalten einen Sing-Star-Abend. Die einen feiern, die anderen studieren in Siegen …

Selbst in Zeiten, in denen unkontrolliertes Umherzappeln nicht mehr ADS heißt, sondern Wii Sports, sich die Brettspielfolter „Die Siedler von Catan" unverändert großer Beliebtheit erfreut und wir mittlerweile gespannt auf die garantiert unvorherseh-bare Wende am Ende von „Saw 12" warten, bleibt die Wochen-endaktivität Nummer eins immer noch: die Party! Die Fete! Die Obi-Baumarkt-Eröffnung! Das beidhändige Reißen in der Halbliterklasse!

Wie sonst auch in seinem exzessiven Leben neigt der Student beim Feiern dazu, ein wenig von der Norm abzuweichen. „Angemessene Kleidung" heißt da für viele: Nicht nackig! – zumindest nicht anfangs, also nicht vor Mitternacht! Ich hab schon Kommilitonen gesehen, die, getreu dem Motto „Wir kommen, wie wir sind", in Chucks, Kapuzenmantel und Trekkingrucksack aufschlagen, und sich ernsthaft wundern, warum sie die Securitykräfte beim Galadiner der Schweizer Botschaft nicht gleich durchwinken!

Trotzdem gibt es in der Regel ein heilloses Überangebot an Partyspaß, es steht also nicht so sehr die Frage im Vordergrund, komm ich rein oder nicht? Sondern vielmehr: *Wo* gehen wir überhaupt zuerst rein, und wohin dann danach? Okay, ich gebe zu, in Siegen ist das nicht wirklich so! Ich hab allerdings schon Freunde in der Zivilisation besucht, und da multipliziert sich die Zahl der denkbaren Partys blitzschnell ins Unendliche mit der Anzahl der Leute, die du in die Abendplanung mit einbeziehst! Im Handumdrehen siehst du dich da kaum zu beantwortenden Endlos-Fragen ausgeliefert:

„Sollen wir zuerst ins ‚Dock12‘, ins ‚LevelOne‘ oder ins ‚MP3‘? Gehen wir nachher ins ‚In‘ weiter, oder bleiben wir so lange im, äh, wo wir dann halt grade sind, bis Stefan und Sarah vom ‚Siedler-Abend‘ zu uns stoßen? Das dürfte so gegen drei Uhr sein – wenn's schnell geht! Oder trinken wir erst mal gemütlich bei Silke? Aber die versteht sich grade nicht so mit Sonja wegen Stefan, der ja in letzter Zeit eher Sarah ganz gut findet – zumindest solange sie ihm die drei Holz brav gegen ein Lehm tauscht! Sonja würde ja gerne ins ‚LevelOne‘, weiß aber noch nicht genau, weil sie Montag Klausur schreibt, deshalb telefoniert sie jetzt erst mal mit Katha, wo die hingeht. Bettina, die 1,90-Meter-Hostess, könnte uns eventuell ins ‚Cookies‘ reinbringen, allerdings ist da heute Limboabend, und da hätte sie ja dann selber genau nix von ... Was für Musik läuft heute eigentlich im ‚Dock12‘? Wenn da wieder dieser experimentelle Minimalpunk-Quatsch aufgelegt wird, ist das ‚Dock12‘ für mich persönlich raus! Stefan, der alte Siedler, findet den kranken

Scheiß vermutlich ganz geil! Was ist überhaupt mit Hotte und Kante, sind die wieder am Start, oder ziehen die ihr Experiment ‚zwei Wochen ohne Alkohol' wirklich durch? Wir könnten natürlich auch die ganze Zeit im ‚MP3' bleiben, oder wir gehen ins ‚3001', ins ‚Heaven', ins ‚Hell' oder versacken alle Mann in ‚Lena's Bierrampe'! Bettina hat gesagt, nach dem Schwangerschaftstest, der zum Glück negativ war, geht sie auf gar keinen Fall noch mal ins ‚Hell', Silke geht mit Sonja generell nirgendwohin, keine Ahnung, was mit Katha ist … ja, was machen wir denn jetzt???"

Viele antworten da reflexartig: „Ach, wisst ihr wat, ich muss heut Abend gar nicht unbedingt was machen!"

Bei der konkreten Auswahl der Lokalität ist der unterschiedliche Musikgeschmack der Feierbeteiligten das größte zu überwindende Hindernis! Ein Thema, bei dem ich mich relativ schnell ausklinken muss, denn musikmäßig sind die letzten Jahre irgendwie komplett an mir vorbeigegangen. Ich erinnere mich noch sehr gut an meine allererste Ausgabe der „Bravo" – ich begann gerade, mich für Mädchen zu interessieren, und muss ungefähr 19 Jahre alt gewesen sein –, in der auf einer (!) Doppelseite alle damals angesagten Musikrichtungen aufgelistet waren: ganz genau vier! Heute werden in der Stunde vier neue Musikrichtungen erfunden! Der komplette Verlag würde nicht ausreichen, um alle aufzulisten! Damals hatten wir die ehrliche Auswahl zwischen Rock, Pop, Techno und Punk, also: Red Hot Chili Peppers, DJ BoBo, marusha und den Flippers. Jetzt ist es so: Seitdem ich die „Bravo" das letzte Mal aufgeschlagen habe (vorgestern), hat sich für mich musikalisch nicht mehr viel getan, aber für alle anderen hat sich die Welt weitergedreht! Mein Musikkompass zeigt immer noch die vier alten Richtungen an: Rock, Pop, Techno und Punk. Da das Allerweltsthema Musik neben den Themen Wetter, Politik und Flusen im Bauchnabel häufig bei einem lockeren Flirt in der Bibliothek herhalten muss, kann es da schnell mal zum ein oder anderen Missverständnis kommen: „Stehst du auf Elektro?"

„Nein, ich rasiere nass!" ...

Lässt du dich von den schwerwiegenden Organisationsproblemen am fortgeschrittenen Abend nicht unterkriegen, stolpert ihr früher oder später, eher später, in einen Laden, der zu euch passen könnte – oder auch nicht: Der Schweiß tropft von der Decke, alle tragen Holzfällerhemden und Bärte, auch die Jungs, und alle tanzen, als würden sie die Beulen aus dem Estrich treten. Und schon wirst du mit dem nächsten Problem konfrontiert: In der Regel ist dein Portemonnaie im Club schneller leer als der Papierspender auf der Toilette! Dummerweise sind zehn Stunden Club wie zehn Folgen „Grey's Anatomy": nüchtern nicht bzw. nur für Frauen zu ertragen. Das entscheidende Stichwort lautet deshalb: „vorglühen"! Spulen wir die Partynacht also noch mal zurück und beginnen am Anfang.

VORGLÜHEN: *Unter „Vorglühen" versteht man in der Regel das Aufeinandertreffen partywilliger Leute, aber vor allem das von Ahoj-Brause auf Wodka Gorbatschow! Beim „Vorglühen" als Student mit begrenzten Geldmitteln ganz wichtig: die eigene Kreativität und der unbedingte Wille zum Sieg! Mit genügend Geld in der Tasche kann sich jeder einfallslose Schnösel wegzimmern! Aber mit 15,50 Euro in der Tasche erst wieder am kommenden Dienstag die Augen aufzuschlagen – und das mit einem breiten Lächeln auf dem Gesicht –, das bedeutet ökonomisches Feiern am Rande des Machbaren!*

REGEL NUMMER EINS: Alles ist erlaubt! Alte Dosenkonserven können da schon mal ein Garant für ein Top-Partyerlebnis sein: Del-Monte-Pfirsiche oder Rio-Grande-Dosenbirnen, Ablaufdatum 1987, sind der absolute Geheimtipp in jeder Korn-Wodka-Bowle.

REGEL NUMMER ZWEI: Gewürze sind unsere Freunde! Bei knapp 30 Gramm geriebener Muskatnuss pro Käsecracker kann von „Vorglühen" schon gar keine Rede mehr sein! Der Fachmann spricht hier auch vom sogenannten Senkrechtstarter.

REGEL NUMMER DREI: Bad- und WC-Reiniger haben nicht nur Anspruch auf die alljährliche Verwendung in ihrem ursprünglichen Einsatzgebiet, dem Bad oder der Toilette, nein, sie können auch gewinnbringend beim „Vorglühen" eingesetzt werden: eine Flasche Domestos, vier WC-Steine und 'ne halbe WC-Ente, abgeschmeckt mit einer Prise Ata, stellen den Gipfel der „Vorglühkreativität" dar! Alles zusammen in die Toilettenschüssel gepfeffert, die Fenster, den Boden und die Tür für 'ne halbe Stunde mit Kreppband abgeklebt und dann auf 'ne kurze „Lunge" rein in die Opiumhöhle! Das garantiert dir exzessives Feiern „auf Silberrückenniveau"!

Mitunter läuft das „Vorglühen" so erfolgreich, dass der Club erst mal aufgeschoben wird und die ganze Versammlung fließend in ein sogenanntes Sit-in übergeht, was frei übersetzt so viel bedeutet wie: Du bist schon jetzt zu betrunken, um aufzustehen![14]

|14| *Oft findet diese Art des Sit-in auch erst am Ende der Partynacht und ohne die übrigen Vorglüher statt, zum Beispiel vor dem Dönerladen auf der Bordsteinkante, auf der Treppe vor der Haustür, im Gebüsch etc.*

Eine gute Party füllt die Studenten-Schatzkammer

Wenn's richtig, richtig gut läuft, sind „Vorglühen" und anschließendes Sit-in auch nur der Auftakt zu einer rauschenden WG-Party, was sehr praktisch ist – nach dem Motto: Kommst du nicht (mehr) zur Party, kommt die Party eben zu dir!
Eine gute WG-Party – die absolute Königsdisziplin der studentischen Abendunterhaltung – hinterlässt bleibende Eindrücke in der Rigipswand, dem Gesicht, dem polizeilichen Führungszeugnis und hat einen ganz großen Vorteil: Es gibt keinen Türsteher! Wer rein will, geht rein, wer raus will, geht raus. Im Normalfall erkennst du das Partydomizil bei der Ankunft daran, dass die Haustür unten einfach offen steht. Du schlüpfst hindurch und findest dich im komplett überfüllten Treppenhaus wieder. Es kommen Leute an dir vorbei, die tragen den Bierkasten hoch. Es kommen dir Leute entgegen, die tragen

den Fernseher runter ... Oben kennst du keine Sau, aber das Bier ist umsonst: Du findest es im Badezimmer, auf dem Balkon oder im Aquarium. Dies sind auch die drei strategisch günstigsten Orte, die du dir gut einprägen solltest, falls du das Bier im Laufe der Nacht zurückbringen willst oder musst. Sollte es zum Kotzen doch mal zu weit bis zum Bad, Balkon oder Aquarium sein: Kein Problem, vielleicht schaffst du's ja bis zur Schlammbowle! Das fällt keiner Sau auf, versprochen! Die Mädels saufen das weiter: „Hmm, lecker, besonders die Stückchen!"

Mit klarem Kopf fällt es dann gleich viel leichter, das anwesende Partyvolk mal genauer unter die Lupe zu nehmen. Beim Ansprechen vorsichtig sein mit Sprüchen wie: „Wat für 'ne ranzige Scheißparty, ich sauf denen das Bier weg und dann geh ich, kommst du mit?", du könntest eine der WG-Bewohnerinnen vor dir haben! Unter Umständen seid ihr auch grade in ihrem Zimmer und du reibst dir deine Kotzreste mit *ihrer* Bettdecke ab!

Egal ob deine Stadt groß oder klein ist, egal ob du in Berlin, Hamburg oder Hamburg-Barmbek wohnst, in jeder Studentenstadt gibt es eine bestimmte Gruppe von Leuten, die du praktisch auf jeder guten WG-Party triffst: die Polizei!

Die Top Drei der Sprüche, die du beim Türöffnen besser vermeiden oder unbedingt ausprobieren solltest – falls du für die Nacht noch keinen Schlafplatz hast:

PLATZ 3
„Waaas? Ich verstehe kein Wort, die Anlage ist so laut!"

PLATZ 2

„Zack, und ab is das alberne Ding ...! Oh, sorry, ich dachte, der wär nur angeklebt!"

DER KLASSIKER AUF PLATZ 1

„Geil, Leute: Die Stripper sind da!"

Kommt die Party danach erst so richtig in Schwung – oder zieht ihr jetzt lieber mal weiter in den Club –, sollten die Jungs ein paar grundsätzliche Dinge nicht komplett vergessen:

Tanzen

Hier gibt es verschiedene Volksweisheiten: „Wer tanzt, hat kein Geld zum Saufen", „Wer nicht tanzt, hat mehr vom Leben" oder kurz und knapp: „Ich bin Trinker, kein Tänzer!". Das ist alles schön und gut, ändert aber nichts an folgender Tatsache: Frauen stehen auf Männer mit Rhythmus im Blut! Für den Fall, dass du ein Körpergefühl wie eine Abrissbirne hast und dein Tanzstil aussieht, als wärst du gerade damit beschäftigt, Maulwurfshügel platt zu treten – bleib besser am Rand der Tanzfläche stehen und wippe einfach nur mit dem Bein im Takt, bevor du noch jemanden verletzt! King Kong gehört in einen Käfig, nicht auf die Tanzfläche.

Kannst du hingegen tanzen wie Patrick Swayze, hau drauf und tanz auf, dass die Mädels klamm im Büxchen werden! Das steigert deine Vollstreckungschancen natürlich um nahezu hundert Prozent. Aber auch hier ist Vorsicht geboten! Frauen stehen nicht auf Selbstdarsteller, sondern auf lasziven Paartanz: Gefragt ist also Teamwork – nicht der sterbende Schwan!

Flirten

Da brauchen wir gar nicht lange drum herum zu reden, es gibt definitiv originellere Sprüche als „Merk dir meinen Namen, heute Nacht wirst du ihn stöhnen!", „Ich hab meine Telefonnummer verloren, kann ich deine haben?" oder der internationale Spitzenreiter: „Fuck me if I'm wrong, wasn't your name Sybille?".

Ist jedenfalls kein Wunder, wenn für dich nach so einem Aufschlag „Heller die Glocken nie klingen" mehr als nur ein Ohrwurm ist! Vertrau also lieber auf dein Fingerspitzengefühl! Selbst mit geringem Aufwand lässt sich große Wirkung erzielen: Bestell dazu beim Barkeeper einfach zwei Prosecco auf Eis, gib ihm fünf Euro extra und sag ihm, er soll den Prosecco laut und deutlich als Champagner auf Eis servieren. Frauen lieben Männer mit Stil! Und vor allem lieben Frauen nette und ehrlich vorgetragene Komplimente. Ganz wichtig: Vergiss jetzt alles, was du jemals gehört hast zum Thema „Deine Eltern müssen Diebe gewesen sein: Sie stahlen den Glanz der Sterne und legten ihn in deine Augen!" ... Wer so was für einen guten Spruch hält, denkt auch, er sei mit seiner blauen Unterbodenbeleuchtung am Opel Corsa ganz weit vorne! Also, bitte keinen Schleim verursachen wie am Weltentbindungstag, sondern immer wohldosiert nachservieren. Wie Seeed schon so schön treffend sang, zu viel Kraft in der Lunge für zu wenige Trompeten – die Dosis macht eben den Unterschied!

Und am allerwichtigsten: Mach dich begehrlich! Frauen wittern nichts schneller als einen Mann, der Druck hat! Also ruhig mal mitten im Gespräch anderen Mädels zuwinken oder -lächeln. Aber Vorsicht, natürlich ist auch hier die richtige Dosis entscheidend. Mitten im Gespräch weggehen, mit einer anderen tanzen, knutschen, zusammenziehen, sie heiraten und mit ihr Kinder kriegen hat meistens nicht die gewünschte Wirkung auf die Frau!

Verhaltensregeln für die Mädels
Kommt in Scharen – den Rest machen wir!

So wird die Partynacht mit ein bisschen Glück zum Erfolg! So werden Stunden zu Minuten. So werden Fremde zu Freunden, bevor sie am nächsten Morgen wieder zu Fremden werden ... So schlagen wir uns Wochenende für Wochenende die Nächte um die Ohren, bis irgendwann die Sonne aufgeht. Allerdings ist das mit dem Feiern ja heute auch alles ein bisschen komplizierter geworden, keine Frage! Früher konntest du am nächsten Tag problemlos sagen: „Wat?! Das hab ich nicht gemacht! Ich soll gestern nackt vom Balkon gepinkelt haben?! Unten, genau auf das vorgefahrene Polizeiauto?! Nein, nein, nein!"
Heute heißt das: „Doch! Guck doch auf YouTube!" Und weiter: „Gib mal ein: ‚Drunk idiot peeing on angry cops', hatte schon über 500.000 Klicks!" ... Tja, über Nacht berühmt – da hat sich das Feiern wenigstens gelohnt!

Betrunken versus nüchtern
Es klingt nicht nur komisch, es kann tatsächlich auch mal ganz witzig sein: Party machen und nüchtern bleiben! Das heißt: Finger weg vom Glas, dafür objektiver Forschungsstudent sein, während sich die anderen ringsum abschießen wie die Jäger ohne Warnwesten. Unter allen aufschlussreichen Ereig-

nissen, die man so im Laufe einer Partynacht beobachtet, ist die Balz zwischen einem ratzevollen Männchen und einem angezwitscherten Weibchen, die gerade neben dir an der Theke vergeblich versuchen, den 15. Mojito zu bestellen, immer ein besonderes Highlight!

Das Männchen eröffnet das Gespräch mit einer beiläufigen Frage, während es mit seinem Gesicht so unaufdringlich wie unabsichtlich im Dekolleté des Weibchens verschwindet:

„Flursen?"   Wie viel Uhr ist es denn?

Rein physikalisch bedingt, taumelt das beschwipste Weibchen ein wenig zurück und antwortet in der Verniedlichungsform seines alkoholischen Getränks:

„Weini."   Weiß ich nicht.

Das Männchen fühlt sich nun herausgefordert und beginnt zu prahlen, etwa mit geografischem Sachverstand gegenüber dem unkooperativen Thekenpersonal:

„Ägypten kein Bier hier?"   Ey, gibt es denn kein Bier hier?

Das Weibchen versucht es derweil auf sanftere Art beim Barkeeper, indem es subtil ein mögliches Date in Aussicht stellt:

„Kino Sektchen?"   Kriege ich noch ein Sektchen?

Scheitern beide Versuche, neue Flüssignahrung zu beschaffen, kommt das Weibchen gerne auf Tiere zu sprechen, die es nicht mag, wie zum Beispiel auf das in dieser Situation gerne genommene:

„Borstlautier!"   Boar, ist das laut hier!

Ist das Männchen nicht von gestern, kann es den Sack jetzt zumachen, indem es seinerseits mit einem Tier kontert:

„Lama geh'n!"   Lass uns mal gehen!

Drunk Communicator – für das gelungene Partygespräch um 4:21 Uhr

Da es unter Studenten aber zum guten Ton gehört, sich eher in Massen denn in Maßen zu betrinken, stößt die Kommunikation irgendwann an ihre Grenzen. Je länger die Nacht, desto kürzer werden die Sätze. Hinzu kommt ein weiterer extrem hoher Pegel – der aus den vibrierenden Boxen! Beides zusammen macht eine sinnvolle Unterhaltung so wahrscheinlich wie ein tiefgründiges Gespräch in einer Nachmittagstalkshow. Damit die Verständigung dennoch gelingt, ist es praktisch, wenn du den „Drunk Communicator" zur Hand hast. Er ist wirklich kinderleicht zu bedienen – alles was du dazu brauchst, ist ein Finger –, außerdem eignet er sich sowohl für feierwütige Rechts- als auch Linkshänder! Zum Anwenden einfach passendes Symbol suchen und draufzeigen – fertig ist der Zwei-Promille-Partytalk! (Tipp für Profis: Mehrfach drauftippen bzw. verschiedene Symbole kombinieren!)

„GenerationVZ": FLIRTEST DU NOCH, ODER GRUSCHELST DU SCHON?

Was müssen das für Zeiten gewesen sein, als du vollkommen plan- und WLAN-los zu Hause gesessen und dich verzweifelt gefragt hast: Verdammt, was macht eigentlich jetzt grade um 13:45:10 Uhr AutomaticAndy?! Und was, zum Teufel, würde wohl Melanie N. dazu sagen, wenn sie wüsste, was AutomaticAndy jetzt grade um 13:45:10 macht? Tja, was müssen das für Zeiten gewesen sein? Ganz ehrlich: Keine Ahnung! Diese Zeiten hat es nie gegeben! Du hast dich nie gefragt, was macht grade AutomaticAndy, und dich hat auch exakt null Komma null gejuckt, was Melanie N. dazu sagt! ... Wer sind die beiden überhaupt?! Nicht anders ist es heute, ein 56K-Modem-ISDN-DSL-Jahrzehnt später, nur: Heute sagen sie es dir! Und nicht nur die beiden!

Sobald du den Rechner hochfährst, kommen dir hunderte virtuelle Menschen entgegen gesprungen und erzählen dir Dinge, die du früher nicht mal deinem Teddy anvertraut hättest:

AutomaticAndy, 13:45:10 Uhr: „Meine erste Darmspiegelung hinter mich gebracht. Alles paletti, puh!"
Melanie N.: „Na dann, Prostata!"
Guido gefällt das!

Heute haben wir soziale Plattformen und reden über Probleme, die wir ohne soziale Plattformen gar nicht hätten:

AutomaticAndy, vor einer Stunde: „megamüde, kann nicht pennen"
AutomaticAndy, 14:23:15 Uhr: „immer noch nicht, krieg kein Auge zu, verdammt"
AutomaticAndy, 14:55:57 Uhr: „weiß nicht, woran's liegt, kann einfach nicht schlafen"

Ja, ist das ein Wunder?! Junge, dann schalt halt mal den Rechner aus und leg dich hin – dann kannste auch pennen!!! Dem Sandmännchen gefällt das gar nicht!

Das Fatale an der Sache ist, kaum eine Personengruppe hat mehr Zeit, sich gegenseitig mit überflüssigen Statusmeldungen zuzuschütten, als wir Studenten! Leute, die was zu tun haben, also auch tatsächlich was zu twittern hätten, machen sich im Netz erstaunlich rar. Korrigiert mich, wenn ich danebenliege, aber folgende Statusmeldungen liest man doch eher selten:

132

Hoi-Chan12: „Puuh, Arsch voll zu tun in der Erzmine!"

Sohal9, vor 18 Stunden: „Der neue Webstuhl ist der Hammer! Endlich keine blutenden Finger mehr!"

Den G8-Staaten gefällt das.

Natürlich kann man's auch positiv formulieren: Die sozialen Plattformen haben dafür gesorgt, dass jeder mit jedem befreundet ist! Über drei Ecken bist du mit Barack Obama, Osama bin Laden und dem Milchjieper verlinkt. Alle ham sich lieb! Allerdings nehmen durch den Umstand der globalen Freundschaftsflatrate Gespräche auf dem Campus etwas fragwürdige Züge an: „Sag mal, sind wir nicht Freunde auf ‚facebook', im ‚studiVZ' und auf ‚bussibaer.de'"?

„Keine Ahnung, kann sein ...?!"

Wie bitte: „Kann sein"?! Hallo?! War's nicht mal so, dass man ungefähr wusste, wer die eigenen Freunde sind? Und wer nicht? Interessanterweise hat die radikale Freundschaftsinflation aber nicht dazu geführt, dass einem die Sache insgesamt komplett am Arsch vorbeigeht! Wenn du früher im Kindergarten in der Bärchengruppe jemanden zutiefst kränken wolltest, war die radikalste Drohung, die du aussprechen konntest: „Gib mir auf der Stelle meinen Slimer zurück ... ODER ICH LADE DICH NICHT ZU MEINEM GEBURTSTAG EIN!"

Wenn du heute jemanden bloßstellen willst, kündigst du ihm einfach die Freundschaft im „studiVZ". Es spielt gar keine Rolle, ob der „Freundschaftsgefeuerte" dich kennt oder nicht, sicher ist: Er wird sich drei Tage lang in den Schlaf weinen!

Mittlerweile fragt man sich ja auch hin und wieder echt: Wozu stehe ich überhaupt noch fast jeden Tag auf? Inzwischen können wir ja alles vom Bett aus online erledigen! Wir arbeiten im WWW („wikipedia.de", „hausarbeiten.de", „sendung-mit-der-maus.de/archiv"), verdienen unser Geld („studi-escortservice.de") und geben es wieder aus („bwin. com"), treffen Freunde („studivz.net", „friendscout24.de", „fdp.de"), haben Affären („livestrip.com", „elitepartner.de", „fdp.de"), shoppen rund um die Uhr im Netz („ebay.de", „amazon.de", „heman-fan-store.com") und sehen die neuesten Kinofilme (****.to), bevor sie gedreht wurden.

Aber vor allem: Im Idealfall lernst du heute vom Bett aus deine nächste Bettbekanntschaft im Internet kennen! Das könnte schlechter sein, und man gewöhnt sich verdammt schnell dran, wenn's einmal geklappt hat! Wenn ich früher 'n Mädchen kennenlernen wollte, gab's nur Zeltfest, Kino, Stufenparty oder Autoskooter auf der Kirmes. Mal ganz ehrlich, ich wollte auch den Skooterschlüssel mit dem Fuchsschwanz dran haben. Ich weiß nicht, wie ich diese Typen beschreiben soll. Kennt ihr noch die Geiselgangster von Gladbeck? ... Genau, Rösner, so 'n Typ, den Arm bemalt wie 'ne Bahnhofstoilette, 1,85 Meter groß, 36 Kilo leicht, 'ne Gesichtsbehaarung, als hätte er gerade 'n Opossum gefressen, blöd wie sieben Schweine – aber er hatte den „Magicstick". Doch das ist ein anderes Thema!

Die beste aller Möglichkeiten war immer noch die Vorabifete. Wie der Name schon sagt, das ging so ab der achten Klasse los! Da musstest du dir vorher erst mal Mut antrinken und den Zugriff genau planen: Bei Bier elf warst du noch gut drauf, bei Bier zwölf konntest du allerdings schon zu voll sein! Ein Bier hat damals oft die K-Frage entschieden: knutschen oder kotzen?

Oder beides? Und nicht unbedingt in dieser Reihenfolge! Wenn du damals 'ne Frau kennenlernen wolltest, hattest du zwischen Bier elf und zwölf nur ein schmales Zeitfenster, heute hast du zig Fenster offen: „facebook.de", „studivz.de", „myspace.de" und „wer-fickt-wen.de"! Früher gab's für dich auch nur ein Mädchen, auf das du dich den Abend über konzentriert hast, heute streust du wie so 'n Flyerverteiler am „Ballermann 6", du streust wie eine bekannte Nachrichtensprecherin bei der Aussprache des Worts Pistazieneis! Heute hängst du nur noch vor der Kiste, bist am Chatten, am Adden, am Verlinken, am Posten, am Gruscheln! Is doch wahr, früher hieß es immer: „Du hängst ja nur zu Hause rum, wie willste denn da Frauen kennenlernen?" Heute heißt das: „Du bist ja nie zu Hause, wie willste denn da Frauen kennenlernen?"

Mittlerweile ist man ja teilweise schon überfordert, wenn man „in echt" aus Versehen in eine tolle Frau reinläuft. So ist es mir in der Mensa ergangen: Da stand sie plötzlich neben mir, die zukünftige Exfrau von David Werker! Ich hatte die Nacht über nicht gepennt, war wieder 18 Stunden im Netz gewesen und dachte mir: Komm, die fügst du jetzt eben auch noch als neuen Freund hinzu! Gesagt, getan. Sie dreht sich zu mir um und meint: „Sag mal, reibst du dich da gerade an meinem Bein?" Ich sach: „Nö, äh, ich wollt dich nur mal kurz gruscheln!" Wie soll ich sagen? So richtig zurückgegruschelt hat sie jetzt nicht. Dafür hat erst mal übergangslos ihr Tablett mein Jochbein geaddet! Ich konnt grade noch eine Statusmeldung an den Notarzt rausschicken! Da hab ich mir gedacht: Wenn es bei ihr so nicht funktioniert, dann mach ich's eben auf die gute alte Tour: Stalk ich sie im Internet!

Komplett überbewertet: die Realität!

Das ist ja das Fantastische: Du findest heute jede Frau, die du nur flüchtig kennst, im Internet wieder! Also, Schlinge auslegen und dann langsam immer enger ziehen. Hab ich als Erstes mal zum Aufwärmen 'ne ganz allgemeine Personenbeschreibung bei „Google" eingetippt: lange, blonde Haare, prima Möpse und die Augen so blau wie mein Jochbein! Bingo! 22 Millionen Treffer – ich liebe es, wenn ein Plan funktioniert! Ja, ich meine, hey: In 0,59 Sekunden mal eben 5,978 Milliarden andere ausgeschlossen! Dafür hättest du früher aber auf verdammt viele Vorabifeten gehen müssen! Jetzt weiter einkreisen. Was wusste ich von ihr? Sie war in der Mensa, also Studentin oder Hartz-IV-Empfängerin! Der Schlag mit dem Tablett chirurgisch präzise, dazu die leichte Alkoholfahne, ganz klar: Medizinerin! Jetzt war's Zeit fürs „studiVZ"!

Die Angaben in die Tastatur gehackt und Bingo: 300 Treffer.
Das bedeutete jetzt: weitersuchen, recherchieren und – vor
allem – Gruppenarbeit! Und was es da alles für Gruppen gibt!
„Wer Sex für das Geilste hält, hat noch nie richtig gegrillt",
„Deine Mutter ist schwarz und fährt den Bus vom A-Team!",
„Deine Mutter sitzt auf dem Fernseher und guckt Couch!",
„Dem Knight Rider sein verkorkstes Leben!", „Dicke Kinder
sind schwerer zu kidnappen", „Holla the Woodfairy, my english
is under all pig!", „Ist kein Zufall, dass Frau sich auf Küche
reimt", „Affen – Ich schätze ihre Weisheit, doch ich fürchte ihre
Power!", „Krieg ist scheiße, aber der Sound ist geil!", „Es ist
völlig normal, sich einen Pinguin aus dem Zoo mitzunehmen!",
„Alta, nur weil du Genasium bist ...!".
Ich wusste, irgendwo musste sie ja sein! Ich wurde zum Phan-
tom, ich war Mr X, 'ne Taskleiste war nicht halb so lang im
Internet wie ich! Einen Schatten hatte ich ja schon immer –
jetzt war ich selbst einer. Ich war Sherlock Holmes, Miss Marple,
Tarzan, Gaby, Karl und Klößchen in einem, ich war Dr. Fu Man
Chu! Und dann hab ich sie endlich gefunden, nach geschlagenen
36 Minuten: Anna; 22 Jahre alt; Hobbys: Reiten, Schwimmen
und Lesen; aus der sympathischen Gruppe: „Rettet die Wale,
esst mehr Japaner!"
Schön, jetzt ganz wichtig, nächster Schritt: Madam was Nettes
an die Pinnwand schreiben! Auch so was! Heute ist das ganz
normal, da schreibst du ihr halt schnell was an die Pinnwand.
Was war das früher für ein Aufwand! Leiter besorgen, nachts
hoch zu ihr ans Fenster, mit dem Glasschneider die Scheibe
zerstören! Das ging ja noch, aber erst mal der Lärm, wenn sie
gar keine Pinnwand hatte! Nachts um drei mit dem Bohrham-
mer die Sechserdübel in die Wand gekloppt – und das alles

ohne Licht! Nur um ihr dann so etwas an die Pinnwand zu schreiben wie: „Naaaaaa? Wie kannst du denn schlafen bei dem Krach?"

Ist heute einfacher! Alles, was ich jetzt noch brauchte, war ein netter Spruch! Also nicht rumtändeln, nicht zu lang, nicht zu kurz, romantisch, aber nicht zu schmalzig, geistvoll, aber nicht abgehoben, was Süßes, aber was mit richtig Testosteron! Ich schrieb: „Huhu! Rate, wer hier ist! Gez. der mysteriöse Mr X!" So, den muss sie erst mal wechseln! Der sitzt! Der steht wie Vatter seiner, da kannst du 'n Reisepass dranheften, den siehst du nie wieder!

Kam fünf Minuten später von ihr direkt zurück: „Lieber mysteriöser Mr X! Hallo David! Kleiner Tipp: Anonyme Botschaften nie vom eigenen Account aus verschicken! PS: Falls du ein Tablett im Haus hast, du weißt ja, wie es geht!"

Tja – es sieht so einfach aus, aber es klappt halt leider nicht immer! Und trotzdem, das Internet, das Web 2.0 und die sozialen Plattformen: im Grunde die zweite sexuelle Revolution! Geschichten wie diese ereignen sich täglich millionenfach auf der ganzen Welt. Falls du noch nicht so lange eingeloggt sein solltest, hier die wichtigsten Vokabeln aus der Fachsprache der sozialen Netzwerke und was sie bedeuten:

Freund	Fremder
Wir sind gute Freunde im „studiVZ"!	Wir kennen uns nicht!

gruscheln	Zusammensetzung aus grüßen und kuscheln. Um ehrlich zu sein, müsste es eigentlich heißen: gricken, grumsen oder groppen!
Statusmeldung	Mitteilung mit zweifelhaftem Informationsgehalt, den man früher für sich behalten hätte!
jemanden adden	Einen Fremden zu einer Liste anderer Fremder hinzufügen.
Pinnwand	Etwas persönlicher als die Statusmeldung; der rasch hingeworfene Spruch auf die Pinnwand, zum Beispiel: „Hallo Spatz! Ich mach Schluss!"
twittern	ADS plus Internetzugang: das ist „twitter"! Ein unaufhörlicher, weltweiter Laberflash, 24 Stunden, sieben Tage die Woche und kein Knopf zum Ausmachen.

Wie schon weiter oben erwähnt, macht es uns das Internet heute flirtmäßig vom Prinzip her relativ leicht. Manchmal muss ich aber auch ganz ehrlich sagen: keine Aufregung mehr, kein

Schweiß mehr in der Maurerspalte, wenn's zur Sache geht – das ist doch langweilig! Das war nicht immer so. Früher konntest du 'ne Nacht lang nicht schlafen, weil du wusstest: Morgen ruf ich sie an! Das war noch eine echte Herausforderung, ein Drahtseilakt ohne Netz und doppelten Boden – Kontaktaufnahme live und unzensiert! Du musstest so überlegt vorgehen wie bei einer Bombenentschärfung. Das war allein eine Sache zwischen dir und dem Telefon! Und es gab mehrere Gefahrenstufen!

Erste Stufe: Zum Telefon hingehen, Hörer in die Hand nehmen und – wieder auflegen!

Zweite Stufe: Zum Telefon hingehen, Hörer in die Hand nehmen, wählen – scheiße, das klingelt ja!!! Auflegen!!!

Dritte Stufe: Durchatmen, Adrenalin runterkriegen, zur Entspannung Benjamin-Blümchen-Soundtrack in den Kassettenrekorder einlegen, zum Telefon, Hörer in die Hand, wählen, das Klingeln aushalten: „Ja, hallo ...?" Scheiße, die geht ja ran!!! AUFLEGEN!!!

Letzte Stufe: Klarkommen und dann volle Kanne pushen, Benjamin Blümchen raus, Scooter rein! Action, Attacke, Angriff!!! Zum Telefon hin, Hörer in die Hand nehmen, wählen, klingeln lassen: „Ja, hallo ...?

„Mhm ... ähm .... ja, hallo Julia, hier ist der David, ich kann einfach nicht vergessen, wie du mir in der großen Pause im Gebüsch deine Hand in die Hose gesteckt hast; wenn ich daran denke, krieg ich überall rote Flecken, und ich wollte fragen, ob wir uns vielleicht mal treffen ...?"

„Hallo David! ... Hier ist die Mutter von Julia!"

Au Backe ...!!! Ohnmacht! Ende, aus, vorbei!

Aber wo man(n) sich reingeritten hat ...! Jetzt nicht wieder auflegen! Jetzt heißt es, die Sache durchziehen, den Charme spielen lassen, Überzeugungsarbeit leisten! Joa, hab ich auch gemacht! Hab mich mächtig ins Zeug gelegt – und was soll ich sagen: Drei Tage später hatte ich ein Date mit Julia! Und drei Tage danach eins mit ihrer Mutter!

Nein, im Ernst: Das ganze Prozedere konnte damals Stunden dauern! Du hast teilweise Wochen gebraucht, bis du dich endlich getraut und mit ihr telefoniert hast! Und heute? Einfach ins Internet, Nachricht schicken: „Hi Julia, Lust auf einen Ausflug zum Nacktbadestrand? Ich muss mit dir reden!", KnickKnack, fertig! Wo bleibt da bitte der Thrill?!

Immer Ärger mit der Uni

ARIAL 24 PT, ZEILENABSTAND DOPPELT – SO GELINGT JEDE HAUSARBEIT!

Man irrt durch dunkle Gänge, begegnet seltsamen Gestalten und sucht verzweifelt den Weg ins Freie: Das kann ein „Mystery-Computerspiel" sein oder der erste Besuch in der Uni-Bibliothek! Ja, so schnell kann's gehen, und schon hast du dein erstes Buch ausgeliehen! Ich hab's irgendwann einfach gemacht – und es hat gar nicht wehgetan ... na ja, fast nicht. Als ich den monströsen Wälzer lässig mit einer Hand aus dem obersten Regal fischen wollte, hätte ich mich fast selbst erschlagen. Is ja auch Wahnsinn: Platon auf tausend Seiten! Ich bin in der Regel schon überfordert, wenn die Speisekarte beim Griechen mehr als zehn Seiten hat.

Natürlich hab ich nicht vorgehabt, das Buch zu lesen! Ich wollte nur großflächig daraus zitieren. Zugegeben, das ist nicht mehr als eine Notlösung, wenn man innerhalb der nächsten 24 Stunden eine 40-seitige Hausarbeit aus dem Nichts zaubern muss und bis jetzt noch nicht mal ein Inhaltsverzeichnis, geschweige denn ein Thema hat. Aber zum Glück gibt's ja sehr viele, sehr praktische Eingriffe zur künstlichen Hausarbeitsverlängerung. Was ich zum Beispiel immer ganz gerne mache: Ich zähle die leeren Rückseiten mit! Auch sehr schön: Die Seiten wie eine dieser IQ-Test-Zahlenreihe durchnummerieren, also nicht: 1, 2, 3, 4 ..., sondern: 1, 2, 5, 9 ...!

Was noch ganz gut funktioniert, jedoch mit Zurückhaltung eingesetzt werden sollte: Alle fünf Seiten einfach was aus dem Text rauskopieren und zwei Seiten weiter hinten Platon auf tausend Seiten! Ich bin in der Regel schon überfordert, wenn

die Speisekarte beim Griechen mehr als zehn Seiten hat, in
den Fließtext wieder einfügen – merkt kein Schwein!

Das Wichtigste bleibt trotzdem die Frage: Woher kommt über-
haupt der Text? Seit Erfindung des Doppelklicks lautet die
Antwort: Wozu selber schreiben, wenn das Internet überquillt?
Also, geschwind Wikipedia-Artikel kopieren und einfügen.

*Allerdings verwenden manche Profs mittlerweile Software
zum Aufspüren von geklautem Material! Daher mein Tipp: Flott
den Wikipedia-Artikel ins Dänische übersetzen, vom Dänischen ins
Sorbische, vom Sorbischen ins Hessische und vom Hessischen zurück
ins Deutsche – da bleibt jedes Suchpogramm auf der Strecke! Allerdings auch jeder Funke inhaltlichen Sinns. Es empfiehlt sich deshalb
immer, die Hausarbeit bei einem Prof aus der Sparte der Gleichgültigen
oder der Jungen & Planlosen abzugeben.*

Abschließend die fünfseitige Danksagung an Platon, dessen
Frau, den Hamster und alle anderen, die leider tot sind, nicht
vergessen – fertig ist die Hausarbeit! Als kleine Zugabe kann
man dann noch einen Anhang mit thematischem Bezug erstel-
len: die allerschönsten Fotos aus dem letzten Kretaurlaub,
beispielsweise.
Wenn man bereits persönlichen Kontakt zum Prof geknüpft
hat, gehen sogar die Nacktfotos vor den antiken Ausgrabungen. Aber Vorsicht, nicht übertreiben! Schwarz-Weiß-Aus-
drucke reichen hier völlig aus. Aufwendig gephotoshopte
Collagen mit dicken Geschlechtsteilen und deinem Lieblings-
boygroup-Sänger im Hintergrund sind lustig, schießen jedoch meist übers Ziel hinaus!

Hat bei mir am Ende summa summarum 32,5 Seiten ergeben! Und das Mal danach lief's noch besser – da hab ich für die Hausarbeit sogar zwei Bücher ausgeliehen!

Natürlich verläuft das Schreiben einer wissenschaftlichen Hausarbeit nicht immer so glatt und problemlos. Grade am Anfang des Studiums türmen sich da Fragen auf – Arial? Ist das der kleine Bruder von Arielle? –, angesichts derer man schon mal leicht den Überblick verlieren kann. Und die praktischen Ratgeber zum Thema Hausarbeit haben zwei Nachteile: Erstens sind die wenigen verfügbaren Exemplare meistens bis Januar 2018 ausgeliehen und zweitens sind sie mindestens so spannend zu lesen wie das Telefonbuch von Oer-Erkenschwick. Das muss ja nicht sein!

Stil

Selbstverständlich besitzt jeder seinen eigenen unverwechselbaren Schreibstil. Getreu dem schönen Motto: je höher die Absätze, desto kürzer die Hauptsätze. Der eine schreibt gerne kurz und knackig, der andere formuliert einen einzigen endlosen Satz so lange aus, bis der Regenwald knapp wird! Trotzdem lohnt es sich, bei einer Hausarbeit ein wenig von der gewohnten Schreibweise abzuweichen! Die hohe Kunst der Hausarbeit ist ja nicht zuletzt die hohe Kunst der Verkomplizierung! Zwar wird von Professorenseite aus stets dementiert, dass es beim Verfassen eines wissenschaftlichen Textes vor allem darum geht, sich hinter einer Mauer aus unverständlicher Fachsprache zu verschanzen – aber, unter uns: in Wahrheit liegt genau darin der Sinn einer jeden Hausarbeit! Und auch der Spaß! Wie schaffe ich es, auch noch den simpelsten Sachverhalt sprachlich dermaßen aufzupolieren und zu pimpen, dass die Relativitätstheorie dagegen wie eine alberne Glückskeks-Weisheit wirkt? Wie mache ich aus gequirlter Scheiße hochwertige, vielschichtige und sprachlich unanfechtbare gequirlte Scheiße? Um nichts anderes geht's! Es kann kein Zufall sein, dass in wissenschaftlichen Publikationen eher selten Sätze zu lesen sind wie „Sprachwissenschaften ist echt ein crazy shit!" Stattdessen steht dort: „Eine semantisch komplexere, abgeleitete morphologische Form ist hinsichtlich des konstruktionellen Ikonismus unmarkiert, wenn sie formal aufwendiger symbolisiert wird als ihre semantisch weniger komplexe Grundform."[15] Was zusammengefasst ungefähr so viel bedeutet wie: Sprachwissenschaften ist echt ein crazy shit!

Wir lernen: Mit persönlichen Wertungen, umgangssprachlichen Wörtern und allgemein gebräuchlichen Begriffen in einer Hausarbeit unbedingt zurückhalten! Stattdessen alles mit dem Anstrich von Wissenschaftlichkeit versehen. Denn: Es gibt nichts Kompliziertes, was man nicht noch komplizierter ausdrücken könnte! Eine gute Hausarbeit ist erst dann richtig gelungen, wenn du am Ende selber kein Wort mehr von dem verstehst, was du geschrieben hast.

Formatierung

Zunächst mal eine Weisheit, die viele überraschen dürfte: Das Auge liest mit! Insofern du deine Hausarbeit nicht als Hörspiel einreichst, solltest du dir deshalb kurz Gedanken über das Layout machen. Hier gilt das Motto: kleine Idee

---

|15| *Zit. nach Meibauer, Jörg (Hrsg.): Einführung in die germanistische Linguistik. J. B. Metzler Verlag, Stuttgart, Weimar 2002.*

ganz groß verkauft! Nur weil die Arbeit von vorne bis hinten zusammengeklaut und planlos zusammengeschustert ist, muss sie nicht auch noch wie eine Mogelpackung aussehen. Das Design, das Äußere spielt eine wichtige Rolle und kann im Idealfall von der Bescheidenheit des Inhalts ablenken. Das weiß jeder, der schon mal das appetitliche Bild auf der Verpackung eines Fertigmenüs mit dem mitleiderregenden Inhalt verglichen hat.

Ganz grundsätzlich gilt: Geschrieben wird von links nach rechts und von oben nach unten. Ausnahmen bilden asiatische und arabische Facharbeiten sowie Werke aus dem praktisch orientierten Studiensektor Kunstpädagogik, in denen die Diplomarbeit getöpfert wird. Die gängige Schriftgröße ist 12 Punkt, der Zeilenabstand 1,5-fach. Diese Faktoren sind in der Regel nicht verhandelbar, dafür kann bei der Größe der Kapitelüberschriften gehörig getrickst werden. Ich habe schon Überschriften gesehen, gegen die der Hollywoodschriftzug in L.A. aussah wie eine Randnotiz. Apropos Rand: Auch hier ist die angemessene Größe Auslegungssache. Klar ist: Die Arbeit muss auch in gelochtem und abgeheftetem Zustand lesbar sein![16] Zwei, drei Zentimeter mehr schaden darüber hinaus auf keinen Fall und kommen natürlich am Ende der Gesamtseitenzahl zugute. Ansonsten sollte die Arbeit in gut lesbaren Häppchen serviert werden. Also lieber hier und da mal eine knackige Zwischenüberschrift („Willkommen auf der zweiten

---

|16| *Auch beim Bescheißen kommt es auf die richtige Ausrüstung an: Im Internet habe ich einen Spezialocher gefunden, der die Seiten mit Zwei-Euro-Stück-großen Löchern versieht! Da ist der üppige Rand absolut plausibel begründet!*

Seite!") als über hundert Seiten Fließtext. Gehen dir irgendwann die Ideen für sinnvolle Zwischenüberschriften aus („Herzlich willkommen auch auf der 37. Seite!"), ist es an der Zeit, die nötigen Absätze einzufügen, denn auch die bringen in der Summe die wertvollen Zusatzseiten!

Jeder Abschnitt in einem fortlaufenden Text, in dem ein eigener, „in sich geschlossener Sinnzusammenhang" hergestellt wird, kann durch einen Absatz markiert werden. Das heißt übersetzt: Absätze rauskloppen wie die FDP schwachsinnige Gesetzesentwürfe!

Einmal mehr zeigt sich auch hier, dass ganz weit vorne ist, wer sich internationalen Einflüssen nicht verschließt und amerikanische Absätze verwendet! Das bedeutet nämlich eine komplette Leerzeile pro Absatz, im Gegensatz zum sonst üblichen einfachen Zeilenumbruch.

Außerdem: Was genau einen „in sich geschlossenen Sinnzusammenhang" darstellt, ist Auslegungssache.

Absätze einfügen ist also kinderleicht.

Man nimmt sich einfach einen Sinnzusammenhang. Und dann schließt man ihn ab.

Und dann noch einen.

Und dann noch einen.

Und ratzfatz ist der Text so schön luftig anzusehen wie zerschlissene Hotpants auf dem Fahrrad!

Quellenangabe

Wie so oft, geht es auch in der Hausarbeit erst im Kleinge-
druckten so richtig ans Eingemachte! Im Regelwerk für das
Verfassen von Quellenangaben haben findige Genauigkeitssa-
disten mehr tödliche Stolperfallen ausgelegt als der Vietcong
im ganzen Vietnamkrieg. Dabei gibt es an sich nur eine feste
Regel, und die heißt: Es gibt keine feste Regel! Klar ist: In die
Quellenangabe gehört der Herausgeber, der Autor, der Titel des
Werks mit Untertitel, die Auflage, der Verlag, das Erscheinungs-
jahr und die Seitenangabe. Auf Verkaufspreis, Gewicht und
Amazonbewertung kann in den meisten Fällen verzichtet
werden. Klar ist auch: Dazwischen gehören jede Menge Punkte,
Kommas, Semikolons und alles, was das kleine, gemeine Satz-
zeichenvolk sonst noch zu bieten hat!
Vollkommen unklar ist hingegen, in welcher Reihenfolge die
Angaben gemacht werden sollen und welches Satzzeichen an
welcher Stelle das richtige ist! Hinzu kommt, dass der Titel
gerne kursiv geschrieben wird – aber nicht immer! Frag zehn
Professoren und du erhältst zehn verschiedene Antworten,
wie Quellenangaben korrekt aufzuführen sind. Alles richtig
zu machen, ist praktisch unmöglich. Ausschlaggebend ist,
wie viel Bedeutung der Prof der korrekten Form beimisst.

*Deshalb sei an dieser Stelle noch mal ausdrücklich gesagt:
wenn irgendwie möglich, keine Arbeit bei einem Genauigkeitssadisten abgeben! Gleich dem berühmten Schmetterlingseffekt
kann bereits ein falsch gesetztes Satzzeichen in der Quellenangabe
bei der Korrektur durch den Genauigkeitssadisten einen Tornado
auslösen, von dem sich die komplette Arbeit (siehe Note) nicht
wieder erholt!*

Korrektur

Falls dein Computer nicht den kompletten Raum ausfüllt und nicht mit Dampf betrieben wird, besitzt dein Textverarbeitungsprogramm eine Rechtschreibkontrollfunktion. Trotzdem macht es Sinn, die Arbeit von einer zweiten Person Korrektur lesen zu lassen. Sinn macht auch, wenn diese Person der deutschen Sprache mächtig ist und nicht grade an der Abendschule im dritten Anlauf den Hauptschulabschluss nachholt.

Ich persönlich bin allerdings noch nie dazu gekommen, irgendjemandem eine Hausarbeit zu lesen zu geben, da von Fertigstellung bis Ablauf der Abgabefrist meistens zwischen null bis minus ein Tag liegt, was selbst für prämierte Schnellleser eine Herausforderung bedeutet.

PRÜFUNGSSTRESS: STUDENTEN IM AUSNAHME-ZUSTAND

Manchmal kann einem der Druck aber auch schon mal zu viel werden! Dein ganzes Leben besteht ja eigentlich nur aus Bewährungsproben. Ich nenn mal nur die wichtigsten: Fläschchen oder Brust? Sprich: Kannst du was am Knopp? Oder muss du fremdernährt werden? Is doch so! „Und, zieht er an?"

„Ah, so richtig nicht!"

„Du gibst ihm ja auch die Brust ganz falsch!"

„Nee, ich glaub, der ist einfach so blöd!"

Also doch Fläschchen!

Dann: Laufen! Ganz wichtig: Wann läuft er, wie läuft er und wohin? „Und, läuft eurer schon?"

„Nö!"

„Waaaaaaaaahhhs, wie alt is der denn?"

„Der kommt Montag zum Bund!"

Nee, ehrlich, angefangen zu laufen, hab ich persönlich erst mit vier Jahren. Die Sache wollt ich stumpf aussitzen! Ja sicher, ich lass mich halt nicht gerne unter Druck setzen. Sobald Druck aufkommt, geh ich automatisch in den Stromsparmodus, da klapp ich schneller zusammen als der Ostblock! Schließlich der Einschulungstest: „David, du musst aber in die Schule gehen!" Bums! Da saß ich wieder. Auf Druck reagier ich nun mal wie ein Werwolf auf geweihtes Silber. Dann bin ich so mies drauf wie ein Vegetarier beim Tag der offenen Tür im Schlachthof. Und auch die Prüfungssituationen an der Uni gehören dazu. Was man dabei eindeutig festhalten kann: Männer und Frauen reagieren auf Prüfungsstress grundlegend unterschiedlich! Männer lösen das Problem alleine, das bedeutet, sie bleiben zum Saufen zu Hause. Frauen sind da offensiver und pragmatischer – sie tun sich in Lerngruppen zusammen, um erst mal dem Text den sie lernen müssen, den Schrecken zu nehmen. So, was heißt das übersetzt? Das heißt: Sie malen den Text erst mal komplett bunt an! Viele Frauen scheinen sich beim Blick in den Text dasselbe zu denken wie beim Blick in den Spiegel: Sieht übel aus, aber mit ein bisschen Farbe krieg ich's hin! Im Ernst, eine DIN-A4-Seite Text von so einer Horde „textmarkerbewaffneter Büffelfurien" durchgearbeitet, da is 'n LSD-Trip 'n Scheißdreck dagegen! Danach sieht der Text aus, als sei ein Kindergarten explodiert! Dann kommt der Tag der Prüfung und auch da ist die Frau nicht allein, nein! Auf ihrem Tisch drängen sich die Glücksbringer dichter als in so 'nem Greifautomaten auf der Kirmes! Alle sind sie da: Tweety – der Kanarienvogel, Diddl – die Maus, Franjo – der Pleitegeier. Teilweise findest du auf dem Tisch mehr Stofftiere als in einem kompletten SOS-Kinderdorf!

Natürlich hab ich bei der Prüfung auch ein flaues Gefühl im Magen – nur verteilt sich die Grundanspannung bei den Mädels auf zahllose Einzelsorgen. Noch größere Angst, als bei der Klausur zu versagen, hat die Frau davor, bei der Klausur zu verdursten! Ich habe Frauen gesehen, die saufen in zwei Stunden Klausur mehr weg als zehn Fernfahrer auf der Strecke Hamburg–Neapel! Im Ernst, teilweise haben die extra vorher die 20-Liter-Wasserspender aus dem Flur in den Seminarraum geschleift – und nach der Hälfte sind sie mit dem Kanister zum Nachfüllen raus auf die Toilette!

Viele Studenten haben ein Näschen fürs Aufputschen

Aber nicht nur Wasser konsumieren die Mädels unter Leistungsdruck in Massen. Ich hab mal eine Frage: Warum haben eigentlich immer die dümmsten Frauen bei der Klausur am meisten Traubenzucker auf dem Tisch? Da ist es doch wohl zu spät! Oder nicht? Was soll das jetzt noch bringen? Eine Hirnruine mit aufgeklebten Fingernägeln, dreifarbig getönten Haaren und hochgeklappten Poloshirtkragen, die sagt: „Ich schreib die beste Klausur, ich hab 'n Kilo Traubenzucker gelutscht!" Das ist so, als würdest du bei einem Formel-1-Rennen mit einem Rasenmäher an den Start gehen und sagen: „Ich häng euch alle ab, ich hab 'nen Liter Shell V-Power Racing getankt!"

Und was ist das Allerwichtigste, was darf auf gar keinen Fall fehlen bei einer Klausur? Obst! Jede Menge Obst, mit einer gammeligen Banane ist es hier nicht getan! Die Mädels karren das Zeug kiloweise rein. Wenn im Seminarraum noch die Namensschilder aus der ersten Stunde auf dem Tisch stehen, kannste das Schild wegnehmen und durch „Bioladen Kleinmann" ersetzen. Mit dem Obst, das war ja schon in der Schule so, und da steckt auch 'ne Strategie dahinter – ich hab's anfangs nur nicht kapiert! Wozu brauchen die Mädels ein Dutzend Äpfel in der Matheklausur? Bis es mir wie Schuppen von den Augen fiel: „Gabi gibt Peter drei Äpfel und erhält selber ..." Da sortierst du kurz, und dann hast du's!

Dabei ist es ja im Grunde noch viel einfacher! Was braucht man denn wirklich für eine schwere Klausur? Richtig, man benötigt ein Attest! Dann hast du zwei Wochen mehr Zeit und nimmst an der Nachschreibeklausur teil. Sollte es die nicht geben oder willst du die Klausur sowieso nicht schreiben, kannst du unter Umständen die Sache auch anders regeln. Dazu lautet die Frage: Wie nennt man die Phase, die den Tiefschlaf einleitet? Richtig, diese Phase bezeichnet man als:

Referat

Ja, früher hatte ich oft Einschlafschwierigkeiten! Bis ich merkte, es hilft, wenn man die „Gutenachtecstasy" nicht mit Espresso runterspült. Aber jetzt hab ich was noch viel Besseres: Referate! Kurz einem Referat gelauscht, und du schläfst tiefer als nach fünf Minuten „Grey's Anatomy"! Das klassische Referat beginnt ungefähr folgendermaßen: „Hallo, ich ... habe meinen vierstündigen Vortrag in ... drei Abschnitte unterteilt, ich fange an mit dem ... Anfang, komme dann zum ... Mittelteil und ende mit dem, äh, Ende ... sollet ihr irgendwelche Fragen haben, so stellt die bitte nicht ... denn das bringt mich total aus dem Konzept!" Wenn ich das höre, denke ich doch: Ey, der Typ sollte später nicht Germanist werden, sondern Anästhesist! Ja, dann hätte man vor der OP die Wahl: „Möchten Sie die Spritze bekommen oder lieber das Referat hören?"

„Hm, was wirkt denn schneller?"

„Das Referat!"

„Und was tut weniger weh?"

„Die Spritze!"

Gut, dass die meisten Referate so grausam sind, liegt daran, dass sie so schlampig vorbereitet werden – das kenn ich nur zugut von mir selbst! Wenn du zu zweit ein Referat halten sollst, dann schickt der eine dem anderen immer am Abend vorher 'ne SMS: „Wir brauchen morgen für das Referat noch ein Scartkabel für den Beamer, ich hab leider vergessen, eins zu besorgen." Und der andere: „Waaaaaaaahhhs!!!!???? ... Morgen ist schon das Referat ... ?!"

Und dann bleibt dir nichts anderes übrig, als das Referat zu streichen, dich stattdessen für den Test anzumelden und zu hoffen, dass dich noch irgendwo eine nette Lerngruppe aufnimmt!

Student auf Abwegen

PRAKTIKUM: UNBEZAHLBARE UND UNBEZAHLTE EINBLICKE IN DEN JOB VON MORGEN!

Was viele überraschen dürfte, ein Praktikum ist im strengen Sinne kein Beruf, selbst wenn die meisten heute nach dem Studium Ersteres anstelle Letzterem ausüben. Da hat sich manch einer 16 Semester lang abgerackert, hat geschuftet wie ein Mexikaner zur Mittagszeit, und dann steht er da, und seine Zukunft ist so ungewiss wie die der Küsten von Sylt! Wohl dem, der sich da rechtzeitig nach Alternativen umgesehen und schon frühzeitig einige gewinnbringende Praktika absolviert hat! Entgegen aller Behauptungen zählt für die Personaler ja nicht die Menge an nachweisbaren Praktika – zehn reichen vollkommen aus, im Hauptstudium sollten dann natürlich noch ein paar dazukommen –, sondern die Qualität der erbrachten Leistung. Kopieren allein reicht da nicht! Man sollte schon auch gelernt haben, wie man den Toner nachfüllt!

Nur, wie kommt man überhaupt an ein Praktikum? Höre dich am besten zunächst mal in deinem Bekanntenkreis um, denn für skorbutgefährdete Studenten ist nichts wichtiger als Vitamin B! Vielleicht exportiert dein Onkel ja Nobelkarossen nach Osteuropa und braucht dringend jemanden, der bei der Beschaffung neuer Wagen behilflich ist: „Junge, du guckst den ganzen Tag nur dumm in der Gegend rum, da kannste gleich bei uns Schmiere stehen!" Ansonsten ruhig mal ungewöhnliche Dinge tun, wie zum Beispiel Zeitung kaufen und reingucken! Oder die Aushänge an der Uni beachten! Oder einen Freund, der schon ein Praktikum hat, beim Arbeitgeber schlechtmachen – eine anonyme Mail mit Link zu den aussagekräftigen Lloret-de-Mar-

Partyfotos genügt in der Regel –, und dann einfach seinen Platz einnehmen!

LEBENSLAUF: *Im Zusammenhang mit einem Praktikum bist du sicher schon mal über den Begriff „Lebenslauf" gestolpert. Und wie die meisten anderen Dinge auch, so lässt sich sogar der Lebenslauf heutzutage kinderleicht aus dem Internet zusammenlügen! Das erleichtert die Sache ungemein, denn teilweise sind Lebensläufe in ungepimpter Ausführung relativ überschaubar: „Was soll ich sagen? Ich wurde geboren und hier bin ich!" Trotzdem schadet es nicht, wenn man sich tatsächlich ein bisschen mit der Sache beschäftigt. Immerhin geht es um dein Leben, da wäre es doch schade, es nicht angemessen darzustellen!*

Was gehört in den Lebenslauf?

Persönliche Angaben
Auch wenn dich die meisten Leute unter dem originellen Pseudonym AutomaticAndy kennen, hier wird immer noch dein bürgerlicher Name verlangt!
Auch Alter, Geschlecht, Nationalität und Geburtsort sollten – im Gegensatz zu deinem Profil bei „elitepartner.de" – der Wahrheit entsprechen. Nett gemeint, aber in der Regel überflüssig sind Angaben zu Körpergröße, Blutgruppe, Gewicht, Sternzeichen und aktuellem Payback-Punkte-Stand.

Werdegang
Du warst der „Kissenschlachtenkönig" der Kleinkinderspielgruppe? Und im Kindergarten der „da Vinci der Fingerfarben"? In der Grundschule hast du sie alle beim Fußballkartentauschen abgezogen? Hut ab!

Aber: Eine schulische Laufbahn ist das im engeren Sinne noch nicht. Deshalb alles weglassen und nur die Stationen nach der Grundschule auflisten. Also: Hauptschule, Abendschule, Abitur, fertig!

Sprachen

Es ist schön, wenn du „Avatar" fünfmal gesehen hast – trotzdem haben Einträge wie „Na'vi fließend in Wort und Schrift" nichts im Lebenslauf verloren! Obwohl Übertreibungen generell okay sind: Wer im Sportverein ein paar originelle Schimpfwörter aufgeschnappt hat, darf ruhig von „Türkisch Grundkenntnisse" sprechen. Größenwahnsinn ist jedoch gefährlich! Nur weil du im letzten Sommerurlaub den hupenden Spaniern mit eindeutigen Gesten vermittelt hast, was du von ihren Überholmanövern hältst, heißt das nicht wirklich, dass du der internationalen Gebärdensprache mächtig bist!

Auslandsaufenthalte

Ein Punkt, bei dem man gleich in zweifacher Hinsicht in die Falle tappen kann! Erstens: Hier sind ausdrücklich LÄNGERE Auslandsaufenthalte gemeint! Als längere Aufenthalte gelten nicht die zwei Wochen Mallorca, das Wochenende in Bayern und die dreistündige Polizeikontrolle letztens an der niederländisch-deutschen Grenze. Zweitens: Bist du im Ausland gewesen, solltest du unbedingt plausibel darlegen können, was zum Teufel du dort die ganze Zeit getrieben hast! Spuken in deinem Kopf jetzt spontane Erklärungen rum wie: die sechs Monate Thailand nach dem Zivildienst – warum? Weil ich mal rausmusste, weil ich keinen Studienplatz hatte und weil mich eh mal alle gehörig am Arsch lecken können, es sei denn, ich bin anständig breit! Dann solltest du die im Lebenslauf lieber umtransformieren zu so etwas wie: „Sechsmonatige Sprachreise durch Südostasien zur Vertiefung der Sprachkenntnisse, Erweiterung des kulturellen Verständnisses und

Steigerung der sozialen Kompetenz." Das ist schon mal ganz nett. Ein erfahrener Personaler wird trotzdem zwischen den Zeilen lesen können, dass du die sechs Monate über dichter gewesen bist als das Kamener Kreuz zur Rushhour!

Deshalb gilt auch hier „No Risk, no Fang!" – wie der Asiate sagt! Frechheit siegt, also: „Sechsmonatiges Praktikum in der Botschaft von Tai-Gin-Seng, Koordination der Aufbauarbeiten eines SOS-Kinder-dorfs, dreimonatiger Intensivkurs ‚Koreanisch für Hardliner' sowie erfolgreich abgeschlossene Ausbildungen in den drei traditionellen Kampfkünsten Karate, Kung-Fu und Karaoke."

Computerkenntnisse

In Zeiten von Web 2.0, digitaler Revolution und globaler Vernetzung macht es immer einen guten Eindruck, wenn dein Lebenslauf nicht auf der Schreibmaschine getippt ist. Um zu signalisieren, dass man den Anforderungen der elektronischen Welt vollauf gewachsen ist, sollte man hier einige Kenntnisse auflisten. Aber Vorsicht, du darfst gerne übertreiben, allerdings nicht zu viel! Als relevante Computer-kenntnisse werden angesehen: Microsoft Word, Excel und Power-Point, Photoshop und vielleicht noch Minesweeper. Aber sicher nicht: PS3, Wii und WoW!

Hobbys

Schwimmen, Reiten und Lesen sind die beliebtesten Lückenfüller, um darüber hinwegzutäuschen, dass du absolut hobbyfrei bist. Mit ein klein bisschen Fantasie lassen sich aber selbst die Ladenhüter „Schwim-men, Reiten, Lesen" noch auf Tiefseetauchen, Rodeo-Bullriding und Hieroglyphenforschung hochpimpen!

Falls du jedoch extrem viele Hobbys haben solltest, empfiehlt es sich, nur die spektakulärsten auszuwählen. Wichtig ist auch, dass sich deine

Interessen über mehrere Betätigungsfelder verteilen. Wer bereits angeführt hat, dass er in seiner Freizeit leidenschaftlich gerne Steinmännchen baut, der sammelt keine weiteren Pluspunkte, wenn die beiden anderen Hobbys Kastanienmännchen- und Knetmännchenbauen heißen!

Auszeichnungen

Bist du außergewöhnlich intelligent? Hast du viele Förderpreise gewonnen? Hast du gar ein Stipendium ergattert? Dann rein damit in den Lebenslauf! Hier ist genau die richtige Stelle, um Auszeichnungen zu präsentieren!

Hast du nicht?! Bist du kein besonders cleveres Kerlchen?! Zappst du oft weiter, weil dir die Berichte bei „logo!" zu komplex sind? Und der einzige Preis, den du je gewonnen hast, war der Audi A3 – genau wie ich –, weil du um 14:55:20 Uhr der 1.000.000ste Besucher auf einer Internetseite warst? Allerdings musstest du noch 30.000 Euro zuzahlen? Macht nix! Überspring den Punkt Auszeichnungen einfach. Im Zweifelsfall bemerkt niemand, dass hier etwas fehlt. Und das ist definitiv besser, als mit einem abenteuerlichen Eintrag wie „5. Platz Bitterfelder Counterstrike Challenge 2007" am Ende des Lebenslaufs unnötig Wellen zu schlagen!

Die nächste wichtige Sache: Ich hab letztens ein Seminar gemacht zum Thema „Wie verhalte ich mich beim Bewerbungsgespräch?". Zur Erinnerung: Mein Studiengang heißt Germanistik! Ein Seminar zum Thema Berufseinstieg ist da tendenziell so sinnvoll wie 'ne Miles&More-Karte für die al-Qaida! Ich war vor allem deshalb bei dem Seminar, weil's das einzige war, das erst um 18 Uhr losging. Aber um einen Praktikumsplatz zu ergattern, kann das Ganze ja sehr nützlich sein!

Was darfst du also beim Bewerbungsgespräch und was nicht? Egal ob Praktikum, Job oder erstes Treffen bei den zukünftigen Schwiegereltern, es gibt ein paar simple Grundregeln:

„Moin Keule!", „High five!", „Ich sach ma Tachchen! " und „Alter, korrekte Hütte!" sind keine seriösen Anreden.

Eine kluge Antwort sollte nie länger als 30 Sekunden dauern und nie mit „Ähhhhh ..." und „Leck mich am Arsch, wat du alles wissen willst!" eingeleitet werden.

Frage und Antwort müssen einen Bezug zueinander haben. Auf Fragen, die man selber nicht versteht, auch immer nur Antworten geben, die man selber nicht versteht!

Bei Körpersprache und Erscheinungsbild sollte man ein paar Dinge beachten. Prinzipiell gilt: offene Haltung – ja, offene Hose – nein!

Bei Bewerbungsgesprächen, bei denen ein Gesundheitszeugnis verlangt wird, bitte nicht die benötigte Blut-, Stuhl- und Urinprobe in Form deiner alten Unterhose mitbringen!

Für die Damen wichtig: Mit Parfüm sparsam umgehen! Immer nur so viel Parfüm, wie nötig ist, um die Dönerfahne zu überdecken.

Hast du dich durch das Praktikumsvorstellungsgespräch gekämpft, ohne dir gröbere Schnitzer zu erlauben („Entschuldigung, wenn ich kurz unterbreche, was ist denn das Weiße hier auf meiner Hose? Sehen Sie das auch? Ist das etwa …?! Nein, alles klar: Ist nur Mayo! Ha, ha! Ich zieh das gute Stück trotzdem lieber mal aus, sooo …! Okay, kann weitergehen – wie war die Frage?"), kannst du in den nächsten Tagen auf einen Rückruf hoffen, und schon geht's los!

Ich persönlich hab ein Praktikum in einer Werbeagentur gemacht. Der bekannteste Spruch, den ich rausgehauen hab, lautet: „Mindestens haltbar bis: siehe Flaschenhals." Den kennst du?! Is von mir! Wir haben da 'ne ganze Kampagne draus gemacht: „Mindestens haltbar bis: siehe Deckelrand, siehe Dosenboden, siehe Brustunterseite …" Ich hab da blitzartig Karriere gemacht. Nach dem Praktikum kam sofort das verlängerte Praktikum! Dann kam die Probezeit, nach der Probezeit die verlängerte Probezeit. Dann kam das Volontariat, nach dem Volontariat das verlängerte Volontariat und nach dem verlängerten Volontariat kam etwas, das unsere Generation gar nicht mehr kennt – es kam: Gehalt! Hab ich auch gesagt: „Was? Ich bin doch erst drei Jahre hier?! Was kommt als nächstes: Urlaub?!"
Nee, okay, ich geb zu, ich hab's da nicht länger als drei Monate ausgehalten. War schon auch ein bisschen stressig in der Agentur! Dieser Leistungsdruck die ganze Zeit … ich hatte irgendwann immer Kopfschmerzen, sobald ich am Schreibtisch gesessen habe! Gut, ich hab dann gemerkt, dass mit den Kopfschmerzen wird schnell besser, wenn ich aufhöre, den Kopf auf die Tischplatte zu hauen … Aber da sitzt du dann 24/7 mit zehn hoch bezahlten Textern oder mit 100 Praktikanten für umsonst – und dann kommt da trotzdem so ein Quatsch bei raus! So was wie Kinder Pingui! Kinder Pingui, der Snack im

Handyformat, wurde damals mit folgendem Spruch in den Markt eingeführt: „Und eine Hand hat man noch frei!" Na super, und was soll mir das sagen? Was kann man so machen mit der freien Hand, hä?! Echt, wenn das nicht die beste Produktidee in der Geschichte der ausgewogenen Ernährung ist: Mit Kinder Pingui nimmst du immer nur so viel an Eiweiß zu dir, wie du mit der freien Hand sofort wieder loswirst! Joa, da packt mich doch im Grunde gleich der kleine Heißhunger zwischendurch.

Aber ganz egal in welcher Klitsche (Dönerbude, Gebrauchtwagenhandel, Familienministerium) du dein Praktikum absolvierst, wichtig ist ja am Ende nur, was im Zeugnis steht! Die dabei verwendete Sprache ist komplizierter zu entschlüsseln als chinesische Gebrauchsanweisungen. Damit du gar nicht erst Gefahr läufst, dich mit einem mittelmäßigen Zeugnis abspeisen zu lassen, hier die gängigsten Formulierungen und was sie eigentlich bedeuten:

Er/Sie hat sich stets bemüht und hinterließ stets einen sehr guten Eindruck.	Ein Eimer Wattschlamm hätte mehr zustande gebracht und dabei noch wesentlich gepflegter ausgesehen!
Er/Sie war immer mit Interesse bei der Sache ...	... besonders wenn es darum ging, vom Arbeitsplatz aus private Angelegenheiten online zu erledigen!

Er/Sie erledigte Aufgaben stets zu unserer vollsten Zufriedenheit.	Er/Sie hat den Kaffee nicht nur gekocht und serviert, sondern auch ohne zu murren und auf eigene Kosten im mückenverseuchten Dschungel von Nicaragua die Bohnen selbst geerntet, geröstet und gemahlen!
Das persönliche Verhalten gegenüber Mitarbeitern und Vorgesetzten war stets einwandfrei. Durch sein/ihr freundliches und hilfsbereites Wesen war er/sie sehr beliebt.	Keine Brüste, an denen sein Blick nicht geklebt, kein Hintern an den seine Hand nicht gefasst hätte. Keine Augen, die ihr nicht auf die Brüste geguckt, keine Hand, die ihr nicht an den Hintern gefasst hätte.
Wir danken für die Zusammenarbeit und wünschen für den weiteren Werdegang alles Gute!	Wir sind heilfroh, dass er/sie endlich weg ist und sehen ihn/sie hoffentlich nie wieder!

STUDENTENURLAUB: AB IN DEN SÜDEN, AB NACH HOLLAND!

Manchmal brauchst du einfach Urlaub! Erst recht, wenn du schon weit mehr als die Hälfte des Studiums hinter dir hast! Du kannst nicht immer nur Vollgas geben! Hin und wieder musst du dir auch mal 'ne Pause gönnen! In meinem Fall waren die Anzeichen alarmierend: Der Tintenfüllstand meines Druckers war auf 92 Prozent gesunken, in den letzten vier Semestern hatte ich eine halbe Kopierkarte verballert und locker ein Fünftel meines Bleistifts runtergeschrieben – gut, war ein Ikea-Bleistift. Dazu die alarmierenden Nachrichten in der Presse: Burn-out geht um!

Da hab ich mich direkt mal genauer informiert. Die Anzeichen für Burn-out sind: Antriebslosigkeit, zu Hause bleiben wollen, keine Lust haben aufzustehen, Angst vorm Wecker ... ja, panische Angst sogar! Diese Dinger sollen wirklich die Hölle sein – hab ich gelesen! Die rappeln stumpf durch, teilweise kannst du da wohl gar nicht mehr bei pennen! Ich fühlte mich ertappt. Ohne lang drum herumzureden: Burn-out, das is 'ne Diagnose, die dich mit voller Wucht trifft! Mit einem Mal siehst du all deine Träume zerplatzen. Da sitzt du extra wochenlang in der

Studentenregel Nr. 236: Einpennen geht *immer*!

Bude, schonst dich, gehst nicht vor die Tür, und dann erwischt es dich hintenrum. Von wegen Faulenzen – knallharter Burnout! Dabei hatte ich doch auch meine Ziele. Ich war davon ausgegangen: den Bachelor ziehst du in Rekordtempo durch! Dann mit Anfang vierzig rein in den Job und weiter Knallgas! Ist ja so: nur Druck, wohin du guckst! Da musst du dich am Ende nicht wundern, dass du nicht mal dazu kommst, endlich die leere Tonne Omo und die verstaubte Kiste Kelts runterzubringen. Klarer Fall: Ich war ausgebrannt, weil ich die ganze Zeit immer nur Gas gegeben hatte! Wenn ich mir die Tastatur von meinem Laptop angucke: Da hab ich vielleicht drauf rumgehämmert! Auf der langen Taste, wie heißt die? Die lange unten – da war schon gar kein Zeichen mehr drauf! Wichtig ist halt, dass man die Anzeichen rechtzeitig erkennt! Ich war mir fremd geworden, ich erkannte mich ja selbst gar nicht mehr, deshalb hab ich zu mir gesagt: „Komm, Daniel, hör auf damit, du musst raus aus der Tretmühle! Raus aus dem Hamsterrad!" Und: ab in den Urlaub! Bietet sich auch an, denn Urlaub haben wir Studenten in Deutschland schließlich mehr als genug! Für die meisten geht er hierzulande vom 1. Juni bis zum 31. Mai.

Unter dem Begriff „Urlaub" ist jetzt natürlich prinzipiell vieles vorstellbar. Die einen denken da an Holland – Sonne, Palmen und Strand ... na gut: Strand! Die anderen denken an Spanien, drei Jahre sparen und sich dann mal was gönnen: Frühbucherrabatt, zwei Wochen für 300 Euro „all inclusive", und für wieder andere bedeutet Urlaub einfach, dass die Freundin für eine Woche auf Exkursion ist! Ich hab mich typisch deutsch verhalten, das heißt, ich wollte es im Urlaub am liebsten genauso haben, wie ich's auch von zu Hause kenne, also: Party! Zwei Wochen durchtanzen, das ist 'ne super Sache!

Braun werden is dann allerdings nicht! Man übertreibt nicht, wenn man sagt: Die Sonne kriegst du im Partyurlaub seltener zu Gesicht als ein Maulwurf, der in die falsche Richtung gräbt ... Viele verleben den Partyurlaub nach dem Michael-Jackson-Motto, das da heißt: „Wir sind hinterher weißer als vorher!"

Natürlich ist nicht unwichtig, mit wem man den Urlaub verbringt. Bei der Urlaubsplanung vollzieht sich gewissermaßen im Großen, was sich bei der Abendplanung jedes Wochenende im Kleinen abspielt. Ich hatte am Ende das große Glück, zwei schrille Individuen an meiner Seite zu wissen, die zu allen Schandtaten bereit waren: Ein Sportstudent, dem man nachsagt, seinen allerersten B52 habe er sich damals mit der Muttermilch gemixt, sowie ein Luft- und Raumfahrtingenieur, der über Party und Frauen so viel weiß wie Benjamin Blümchen. Sein Pipimann war für ihn bis jetzt nur dafür da, anzuzeigen, wo bei ihm vorne ist! Eine zweite Reisegruppe, bestehend aus der waghalsigen Kombination Pärchen (Stefan und Sarah) plus weiblicher Single (Silke) und männlicher Single (Hotte), hatte sich derweil für den Hollandurlaub entschieden. Wir waren schon jetzt tierisch gespannt, wer in zwei Wochen besser gelaunt zurückkehren würde! Deshalb hier der ganz große Holland-Spanien-Studentenurlaubscheck:

Spanien

Flug gebucht und ab dafür! Wenn man rechtzeitig bucht, ist eine Druckerpatrone ja teurer als die günstigste Verbindung Köln–Ibiza! Gut, ist dann halt ein One-Way-Ticket. Und die Zwischenstopps München und Madrid empfinden viele als etwas unpraktisch. Aber immer noch besser, als für den gleichen

Preis in einem nicht klimatisierten Vorkriegsbus bei Tempo 60 in 48 Stunden ohne Pause nach Lloret de Mar durchzupreschen! Ganz ohne Bus geht's aber auch bei der „Pauschalanreise" mit dem Flugzeug nicht. Nachdem du am Zielflughafen eine Stunde auf das Gepäck gewartet hast, wartest du vor dem Flughafen bei gefühlten 50 Grad Celsius im Schatten eine weitere Stunde auf den Bus, der dich zur Hotelanlage bringt. Hier der erste wichtige Hinweis des Sportstudenten: Wenn du Glück hast, warten mit dir ein paar nette Mädels auf den Bus, die du später unter Umständen in der Hotelanlage wiedertriffst! Auf den Spruch: „Hey, wir sind doch heute morgen zusammen im Bus gefahren!", habe ich in der Schule stets die barsche Abfuhr erhalten: „Ja und? Das tun wir seit sechs Jahren jeden Tag!" – aber im Urlaub hat's plötzlich funktioniert!

Nach einer für Außenstehende nicht nachvollziehbaren Zickzacktour über die komplette Insel mit Zwischenstopps an geschätzten siebenundzwanzig Hotels – an denen die potenziellen, weiblichen Urlaubsbekanntschaften langsam, aber sicher alle ausgestiegen sind – hält der Bus schließlich vor einem verwitterten Empfangsgebäude, gegen das die Villa aus „Psycho" geradezu einladend wirkt. Immerhin, an der Rezeption landet der Ingenieur seinen ersten Treffer: „Und was sind das für historische Ausgrabungen da drüben?"

„Das ist der Speisesaal!"

Dafür ist die Dame an der Rezeption durchaus adrett, sie schenkt uns ein nettes Lächeln und spricht fließend Deutsch! Der Sportstudent geht, ohne viel Zeit zu verlieren, in den Angriff über: „Hey, du sprichst ja ein süßes Deutsch, fast akzentfrei, wo kommst du denn her?"

„Aus Bielefeld!"

Das Einrichten im Urlaubsquartier ist dann schnell geschehen: Tasche in die Ecke schmeißen und in zwei Wochen wieder mitnehmen! Fertig! Auf geht's an die Bar, schließlich ist alles „inclusive" und die Zeit läuft! Während der Sportstudent und ich also die Gastronomie in Poolnähe und die dort befindlichen Urlauberinnen in Augenschein nehmen, bleibt der Ingenieur erst mal auf dem Zimmer, um die uralte, kaputte Klimaanlage zu reparieren. Bungalow wechseln wäre natürlich auch möglich gewesen, aber das hieße, das Vertrauen in die technische Fachkompetenz des Luft- und Raumfahrers zu untergraben. Und das wäre ganz sicher kein guter Start in den Urlaub!

Holland

Währenddessen sind auch die anderen nach vier Stunden und 40 Staus in Holland angekommen! Da der favorisierte Campingplatz direkt hinter den Dünen leider bis auf den letzten Platz besetzt ist, nimmt man notgedrungen mit einem „etwas weiter im Inland gelegenen" Campingplatz vorlieb. Positiv formuliert heißt das: Von hier aus kann man schon fast das Mittelmeer sehen! Zur Überraschung aller ist Hotte im letzten Augenblick abgesprungen, dafür ist jetzt Sonja mit dabei, obwohl die sich eigentlich nicht mit Silke versteht – aber so ein Urlaub ist ja die ideale Gelegenheit, um sich mal gründlich auszusprechen. Stefan, als einzig verbliebener Mann, ist grade damit beschäftigt, die Zelte aufzubauen, während die Mädels ein vermeintliches Hornissennest im Baum direkt über dem Stellplatz entdeckt haben! Sarah meint zwar, dass sei kein Hornissennest, sondern ein verwaistes, altes Vogelnest, aber um ganz sicherzugehen, schmeißt sie trotzdem erst mal ein paar Steine in Richtung des sonderbaren Objekts ... Nach zehn Minuten ohne richtigen Treffer („Hey, pas op, je mesjogge Maisje!") verliert die Vogelkundlerin das Interesse und hilft lieber mit, das Auto auszuräumen. Weitere zehn Minuten später fängt es das erste Mal an zu regnen, was bedeutet: Alles ganz schnell ins Auto zurückräumen, damit die Sachen nicht nass werden! Dezente Kritik an Stefan bezüglich seiner Zeltaufbaukünste wird laut: Ob das nicht etwas schneller ginge? Dann hätte man die Sachen jetzt direkt in die Zelte räumen können! Stefan ignoriert die Beschwerde, flucht leise und sucht weiter nach dem vermissten letzten Verbindungsstück für die Zweier- und die Viererstange hinten links am Mädchenzelt. Aber in ihm steigt eine dunkle Vorahnung auf, dass dieser Urlaub irgendwie gegen ihn laufen könnte ... Hotte, der verdammte Sack!

Spanien

Derweil haben wir auf Ibiza beschlossen: „Wenn wir schon mal hier sind, können wir auch gleich mal zum Strand!" Bis zum Abend ist es noch ein Weilchen hin, also schnell in den Bungalow und rein in die Badeklamotten. Als wir die Tür zum Bungalow aufmachen, schlägt uns der sibirische Winter mit aller Härte ins Gesicht! Offensichtlich funktioniert die Klimaanlage wieder. „Ich hab die komplette Verkleidung abgenommen und das Gebläse von 230 Volt auf 64 Ampere Kraftstrom umgebaut – das Ding hat jetzt mehr Leistung als die Skihalle in Neuss!", strahlt uns der Ingenieur an. Wir klopfen ihm den Frost von der Schulter und sagen, das habe er sehr gut gemacht, aber jetzt solle er uns lieber zum Strand begleiten! Seine Lippen sind schon ganz blau.

Häufig ist der Strand direkt am Wasser! Zumindest im von den Gezeiten unbeeinflussten Mittelmeer. An Hollands Küste ist ja hingegen vom Wasser bisweilen so viel zu sehen wie von einem guten Showact bei „The Dome 275". Das Vorhandensein von Wasser spielt am Inselstrand aber nur eine untergeordnete Rolle, viel entscheidender ist die Präsenz des anderen Geschlechts und der vorherrschende alarmierende Oberbekleidungsnotstand! Angesichts der ringsum zu besichtigenden Charakterstärken liegen ungeübte Strandbesucher wie der Luft- und Raumfahrtingenieur nicht nur aus Zufall anfänglich meist auf dem Bauch. Und noch einen Grund gibt es, an den Strand zu gehen: Hier werden Bändchen für die angesagten Partys verteilt. Wenn der Urlaub erfolgreich läuft, hast du nach zwei Wochen mehr Bändchen am Arm als Wolfgang Petry. Nur, wie stellt man das an? Jetzt schlägt die Stunde des Sportstudenten! Das einzige speziell für uns bestimmte Bändchen, das der Ingenieur und ich je um den Arm gekriegt haben, war das auf der Säuglingsstation. Bevor uns beide ein Partyscout auswählt, wird Wladimir Putin in den Vorstand von Amnesty International berufen. Mit dem Sportstudenten an unserer Seite aber steigen die Chancen. Jetzt zahlt es sich aus, dass er in den letzten drei Semestern wenigstens in der Muckibude keine einzige Fehlstunde hatte.[17] Auf

---

|17| *Ich persönlich hatte im Vorfeld ebenfalls versucht, an meiner Figur zu arbeiten, und mir dazu einen dieser komischen „Elektroschock-Muskeltrainer" bestellt. Die fixierst du einfach am Körper, und sofort fängt alles an zu zucken. Das ist dann superpraktisch – kannst du überall tragen, im Beruf, als Herzchirurg, kein Thema –, und dann kriegst du automatisch eine superschlanke Bikinifigur oder einen superkrassen Bodybuilderkörper! Wohl gemerkt mit ein und demselben Gerät! Da hab ich mich dann gefragt: „Woher weiß das Gerät überhaupt, was ich haben will?!" Das Gerät weiß es nicht! Ich hab's drei Monate lang getestet – und was hab ich bekommen? Eine superschlanke Bikinifigur!*

ihn werden die Bändchenverteiler scharenweise aufmerksam und verpassen uns dreien in einem Rutsch die kostenlosen Eintrittskarten in die Nacht. Bingo! Das Problem wäre gelöst. Ein anderes hingegen nicht: Wie sich herausstellt, hat keiner von uns Sonnencreme dabei. An den Strand wollten wir ja eigentlich auch gar nicht! Den 365-Tage-vorgebräunten Sportler interessiert das herzlich wenig, und der Ingenieur hat es ohnehin vorgezogen, Ferrarikappe und Deutschlandtrikot anzubehalten – nur ich hab jetzt ein echtes Problem!

Nicht nur die Engländer wissen: Wer versehentlich in der Mittagssonne am Strand einpennt, kann sich danach im schlimmsten Fall am Stück aus seiner Haut schälen – wie aus einem Neoprenanzug! Aber auch partielle Verbrennungen können schon schmerzhaft genug sein. Deshalb besser vorher wissen, welchen Schutz man auftragen muss, um hinterher im Gesicht nicht auszusehen wie die sekundären Geschlechtsmerkmale auf dem Pavianfelsen.

Wenn man sich schlaumacht, erfährt man Folgendes: Bei den Hauttypen gibt es mehrere Abstufungen. In der allerunterstenen Kategorie gibt es den schwarzafrikanischen Jim-Knopf-Typ. Dann kommt der südländische Bushido-Typ. Darauf folgt der mitteleuropäische Philipp-Rösler-Typ. Anschließend der norddeutsche Typ, danach dann der sehr helle Boris-Becker-Typ, gefolgt vom Typ Albino, dann der Tod, danach Hui Buh, das Schlossgespenst, und dann kommt auch schon mein Hauttyp! Von der Farbe: Kategorie Gouda jung! Von der Sonnenverträglichkeit: Kategorie Graf Dracula! In Zahlen ausgedrückt: Lichtschutzfaktor 50. Für empfindliche Stellen – Nase, Ohren, Pipimann: Faktor 150! Ich bin die allerhöchste Risikostufe, ein Sonnenbad hat für mich schwerwiegendere Folgen als eine Cabriofahrt für John F. Kennedy, ich verbrenne in der Sonne schneller als eine Ameise unter der Lupe!

Deshalb: Ganz schnell raus aus der Sonne, weg vom Strand – Bändchen hab ich ja jetzt –, und außerdem gibt es, bis die Sonne untergeht, an der „All-inclusive-Bar" noch einiges zu tun!

Holland

Auch in Holland beginnt es, irgendwann dunkel zu werden, doch die Stimmung hat sich dank zweier lauwarmer Flaschen Prosecco und einer guten Tüte Wein inzwischen spürbar aufgehellt. Die ehemaligen Konkurrentinnen Sonja und Silke schlendern Arm in Arm über den Dünenweg, Sarah fotografiert andauernd den Sternenhimmel, auch wenn ihr alle sagen, dass sie auf den Fotos hinterher nicht mehr erkennen wird als ein Blinder im Darkroom („Wieso nicht? Ich hab doch Blitzlicht an!"). Und Stefan trägt, seit sie vor zwei Stunden den Campingplatz verlassen haben, in einigem Abstand zur Gruppe das Brennholz hinterher. Jetzt kann's aber wirklich nicht mehr weit sein bis zum Strand! Sarah hat schon eine Möwe gesehen, was ja beweise, dass das Wasser in unmittelbarer Nähe sein müsse – genau wie damals bei Noah auf der Arche, der ja auch eine Möwe losgeschickt habe, um die Gegend auszukundschaften …! Stefan hat darauf in gepresstem Tonfall erwidert, das sei ja kompletter Quatsch, es sei keine Möwe gewesen, sondern eine Taube, die von der Arche aus losgeflogen sei, und die habe Noah natürlich nicht losgeschickt, um nach Wasser Ausschau zu halten, was ja auf einem Schiff ziemlich bescheuert wäre, sondern um nach Festland zu suchen – und der Vogel eben gerade sei auch keine Möwe gewesen, sondern eine ganz gewöhnliche Taube! Woraufhin Sarah, die es bei den „Siedler-Abenden" sonst für gewöhnlich bei zwei Apfelschorlen belässt, mit der Feststellung gekontert hat: „Ach ja, woher willst du das denn wissen? Mit Vögeln kennst du dich doch überhaupt nicht aus!" Was wiederum dazu geführt hat, dass selbst Silke und Sonja prusten mussten, die sich ja eigentlich nicht so gut verstehen und jetzt aber trotzdem mal Händchen halten – ist ja schließlich Urlaub!

 Wir merken bereits – ohne einen kleinen Streit pro Tag tut's kein echtes Pärchen im Urlaub! Und Action …!

Möwe hin oder her, fünf Minuten später hat die Wandergruppe tatsächlich den Strand erreicht. Stefan schmeißt das Holz in den Sand und beginnt, nach dem Feuerzeug zu suchen, während die Mädels darauf warten, dass er endlich die Decken ausbreitet. Es dauert eine Weile, bis Stefan kapiert, dass alle auf ihn warten. „Äh, welche Decken?", fragt er irritiert.
„Die ich dir gegeben habe!", sagt Sarah bestimmt.
„Du hast mir keine Decken gegeben!", behauptet Stefan.
„Natürlich!", erwidert Sarah. „Ich hab dir gesagt, die Decken liegen im Zelt, nimm sie bitte mit!"
„Ja … das ist aber was anderes, das hast du vielleicht gesagt, aber gegeben hast du mir gar nichts!"
„Ja, und hast du sie jetzt mitgenommen oder was?"
„Nein, natürlich nicht, ich musste ja schon die ganze Zeit das Holz tragen! Wieso hast du sie nicht einfach genommen?"
„Ich??? Ich hab doch schon die Kamera!!!"
„Willst du mich verarschen …?!" Jetzt schalten sich Silke und Sonja ein, die finden, man könne auch prima auf dem Sand

sitzen, so schlimm sei das doch nicht. Sarah sieht das aber überhaupt nicht ein! Sie will als Ersatz auf Stefans Sweatshirt sitzen, auch wenn das im T-Shirt für ihn vielleicht auf Dauer ein bisschen frisch werden könnte – bei nicht mehr als zehn Grad Celsius –, aber ist ja schließlich nicht ihre Schuld, wenn sie ihm extra noch die Decken gibt und er sie dann einfach nicht mitnimmt!

Ein wenig später knistert das Feuer, zwei weitere Tüten – diesmal botanischer Art – machen die Runde. Silke und Sonja haben beschlossen, jetzt einfach mal probehalber aus Spaß ein bisschen miteinander rumzuknutschen, Sarah und Stefan eher nicht. Sarah blickt zu Stefan rüber. Sie findet, dass er ja schon irgendwie ganz süß aussieht, wie er da so beleidigt im T-Shirt sitzt und allmählich anfängt zu frieren. Also rutscht sie zu ihm rüber und fragt ganz lieb, ob er vielleicht sein Sweatshirt mit ihr teilen will. Stefan hat nichts dagegen. So liegen die Pärchen bald Arm in Arm miteinander versöhnt und betrachten den Sternenhimmel, lauschen den Wellen und kriegen Rauch ins Gesicht, wenn sie sich aufrichten. Diese Stelle hier ist echt ganz nett, keine Menschenseele weit und breit! Morgen werden sie auf jeden Fall wiederkommen – und übermorgen auch! So wird das jetzt zwei Wochen lang gehen ...

Spanien

Der Ingenieur erlebt in dieser Nacht seine zweite Geburt. Drollig sieht es aus, wie er da auf der überfüllten Tanzfläche mit seiner roten Kappe entfesselt auf und ab springt, als sei er in irgendwas reingetreten. Wenig später stellt sich heraus: Er *ist* in irgendwas reingetreten! Wir haben ihm ja gleich gesagt, dass die Trekkingsandalen nicht unbedingt das richtige Schuhwerk für die Disco sind. Die Treter sind im Übrigen auch der Grund, weshalb man uns trotz Bändchen am Ende nicht in den angesagten, großen Club hineingelassen hat. Stattdessen sind wir jetzt in einem Laden gelandet, in dem selbst der Ingenieur mit seinem Deutschlandtrikot noch overdressed wirkt.

Aber egal, die Musik ist gut oder zumindest laut! Reden fällt als Flirtinstrument weg – um mit den Mädels in Kontakt zu kommen, genügt es, sich in den Weg zu stellen und abzuwarten, bis die nächste sturzbesoffene Friseurin in einen hineinläuft. Ist das geschehen, tust du Folgendes: Du reibst unter dem Vorwand, tanzen zu wollen, ein Köperteil deiner Wahl an einem ihrer Körperteile. Danach können verschiedene Dinge passieren: A) Sie bemerkt, dass an ihr gerieben wird, was schon mal ein gutes Zeichen ist, denn dann sind ihre sensorisch-motorischen Funktionen soweit intakt – im Idealfall kann sie sogar noch lächeln. B) Sie bemerkt nicht, dass an ihr gerieben wird, folglich lächelt sie dich auch nicht an, was aber nicht verkehrt ist: Dann machst du so halt einfach alleine noch ein bisschen weiter. C) Sie bemerkt, dass an ihr gerieben wird, dreht sich um und schüttet dir ihr Bier ins Gesicht. D) Ihr Zwei-Meter-Freund bemerkt, dass an ihr gerieben wird, lächelt nicht und schlägt dir, ohne dich um Erlaubnis zu fragen, einmal feste auf ein Körperteil seiner Wahl, das du danach für längere Zeit nicht mehr zum Reiben benutzen kannst. Aber ganz ohne Nervenkitzel wäre die Sache ja auch langweilig. Wenn du nicht aussiehst wie der Glöckner von Notre-Dame, wirst du im Urlaub in der Disco früher oder später immer ein paar nette Mädels kennenlernen. Und falls es doch mal länger dauert, nimm dir ein Beispiel an den einheimischen Jungs. Sie wissen ganz genau, was du für den erfolgreichen Urlaubsflirt auf jeden Fall

brauchst. Es sind die drei K! Kontaktfreudigkeit, Klasse und
K.-o.-Tropfen!

Der Ingenieur ist derweil wieder auf der Tanzfläche. Ich schaue
mich um, alle paar Minuten stellen die Bediensteten neue Tab-
letts mit Kurzen auf die Theke. Das Gesöff ist bestimmt für die
Teilnehmer der beliebten Club- und Bartouren, auf die in jeder
Lokalität ein alkoholisches Freigetränk wartet. Natürlich ist es
ein Leichtes, sich im Gedränge auch als Außenstehender unauf-
fällig zu bedienen, insofern man sich geschickter anstellt als die
Amateure in der top TV-Serie „Die dümmsten Schnaps-vom-
Tablett-Klauer der Welt". Die Bässe wummern, irgendjemand
zerreißt dem Ingenieur sein Trikot: Jetzt ist er das erste und
letzte Mal im Urlaub oben ohne. Der Sportstudent gratuliert
ihm zum Partneroutfit. Friseurin Nummer drei rennt in mich
rein, das nächste volle Tablett landet auf der Theke, Friseurin
Nummer vier lächelt sogar und steckt mir die Zunge in den
Hals, aber das kriege ich leider nicht mehr mit ... Aber morgen
gibt's ja die nächste Chance und übermorgen und ...! „Mens
sana in campari soda", wie der Lateiner sagt. So geht das jetzt
schließlich zwei Wochen lang ...

Fazit

Das Faszinierende am Urlaub ist, wenn du wieder zu Hause
bist, egal ob aus Holland oder Ibiza: Du hast überall Sand!
Drei Monate nach dem Urlaub hatte ich noch Sand in Ruck-
säcken, die ich gar nicht mithatte! Die zweite faszinierende
Post-Urlaubs-Erkenntnis: Egal wie oft du dich gestritten hast,
egal wie oft du gekotzt hast, rückblickend war der Urlaub einfach schweinegeil! Wat hatten wir 'nen Spaß! Gut, in Holland
hat's hin und wieder geregnet, auf Ibiza ist uns in der dritten

Nacht die gepimpte Klimaanlage um die Ohren geflogen – mit einem Knall, gegen den sich die Explosion des Todessterns angehört hat wie eine Knallerbse. Gut, Sonja ist nach sieben Tagen abgereist, weil sie nun mal auf Natur steht, und da fand sie die Idee, auf die Silke gekommen ist, mit der gespritzten, holländischen Gurke einfach viel zu widerwärtig. Ich hab mir am zweiten Tag 'nen Sonnenbrand eingefangen. Am dritten Tag war unser Geld für die zwei Wochen alle. Der Ingenieur musste seine heiß geliebte Ferrarikappe verkaufen und der Sportstudent seinen Körper, damit wir uns wenigstens die allernötigsten, überlebenswichtigen Dinge leisten konnten – wie zum Beispiel die denkwürdige Fahrt mit dem Glasbodenboot, die sich im Endeffekt als ungefähr so spektakulär entpuppte wie ein Blick mit der Taucherbrille in ein verstopftes, überlaufendes WC ... aber hey, da sind wir uns alle einig: Insgesamt war's einfach 'ne supergeile Zeit!

Nach 18 Semestern

100 DINGE, DIE DU GETAN HABEN MUSST, BEVOR DU DEIN STUDIUM ABSCHLIESST!

Der Endspurt im Studium – also die letzten zwei, drei, vier Semesterchen – kommt ähnlich überraschend und ist genauso merkwürdig wie der Beginn! Kindergarten, Grundschule, weiterführende Schule, Zivil- oder Bundeswehrdienst ... Nichts bleibt für die Ewigkeit, alles hat ein Ende! Sieht man mal von einigen Sozialpädagogen ab, die sich auf Lebenszeit im dritten Semester festgequatscht haben, trifft das auch aufs Studium zu. Und wie immer, wenn man eine Zeitspanne im Leben betrachtet, die plötzlich langsam, aber sicher zu Ende geht, kommen einem einerseits die vergangenen Jahre wie eine kleine Ewigkeit vor, andererseits ging alles ratzfatz! Wie jetzt: Und das war's schon?! Ich wollte doch noch so viel erledigen! Ich war noch nie beim Unisport – das Beckenbodenyoga soll ja der Hammer sein –, ich bin noch nie aufs Unidach geklettert, um von dort den Sonnenaufgang zu beobachten, und es stehen noch etliche Revanchen am Bistro-Kickertisch aus!

Zur besseren Orientierung, ob du deine Studienzeit auch gründlich ausgekostet hast, hier die Liste mit den hundert Dingen, die du unbedingt getan haben musst, bevor du dein Studium abschließt:

Ein Referat komplett unvorbereitet halten.

Ein Referat vorbreitet halten.

Rausfinden, wo das verdammte Prüfungsamt ist.

Wenigstens einmal hingehen.

Und dann noch mal, wenn es geöffnet hat!

72 Stunden ohne „studiVZ" aushalten.

Okay, 72 Minuten, aber keine Sekunde weniger!

An einem Freitag zur Uni gehen.

An einem Donnerstag zur Uni gehen.

91-mal dieselbe Person gruscheln – bis sie dir die Freundschaft kündigt!

DAS GROSSE FINALE: DIE ABSCHLUSSARBEIT

Was bei den Gesellen Meisterstück heißt und bei den Waldorf-abiturienten Schleife binden, nennt sich bei den Studenten Abschlussarbeit. Wie sich aus dem Namen unschwer ableiten lässt, wird die Abschlussarbeit am Ende des Studiums geschrieben, also in den meisten Fällen: nie! Wer sich tatsächlich für die letzte aller Arbeiten anmeldet, kann also schon ein bisschen stolz auf sich sein! Herzlichen Glückwunsch an dieser Stelle, du bist wirklich weit gekommen!

Allerdings ist heute Abschlussarbeit nicht mehr gleich Ab-schlussarbeit. Für den Antrag auf Abbruch des Studiums be-durfte es schon früher nicht besonders vieler Seiten, und so sind auch heute die Ansprüche an den Umfang einer Bachelorarbeit relativ gering. Die geforderten 40 Seiten wirken hier vergleichsweise überschaubar neben den 120 und mehr Seiten einer Diplom- oder Magisterarbeit.

Rechnet man die Seiten der Bachelor- und der daraufhin möglichen Masterarbeit allerdings zusammen, landet man bei einer durchaus beachtlichen Seitenzahl von $\frac{1}{20}$ Harry Potter!

So oder so, im Kleinen wie im Großen: die Abschlussarbeit ist die Mutter aller Hausarbeiten! Ein großer Knobelspaß für dein Hirn, ein hartnäckiger Endgegner für jeden Drucker, eine Belastungsprobe für dich und eine Drucksituation für die Farbpatrone (Kalaueralarm!). Mensch und Maschine, Tastatur und Fingerkuppen werden bis an ihre Grenzen getrieben und nicht selten noch darüber hinaus. Im Abschlussstress fangen sogar Asthmatiker mit dem Rauchen an! Außerdem kommt's zu Schweißausbrüchen, ausgerissenen Haaren, hysterischen Anfällen und zu verprügelten Mitmenschen. Im Angesicht der Abschlussarbeit kehrt sich unsere dunkelste Seite nach außen, man könnte auch sagen: die Naomi Campell in uns kommt durch.

Natürlich ist auch diese letzte Arbeit am Ende nichts anderes als ein Wettlauf gegen die Zeit. Unter den Marathons zur Deadline ist sie der Ironman. Und viele fühlen sich danach auch so! Doch sind bei der finalen Hausarbeit wieder ein paar Dinge neu. Zum einen ist da natürlich der große Umfang, was bedeutet, dass du dieses Mal mindestens doppelt so viele Bücher ausleihen solltest wie bisher (bei den meisten heißt das: zwei), außerdem musst du mindestens doppelt so viele Tage für die Vorbereitung einplanen wie bisher (wieder: zwei). Zum anderen muss die fertige Arbeit gebunden werden – einmal schnell getackert oben links wie sonst genügt da nicht –, und sie wird von einem Zweit- oder Co-Korrektor gegengelesen! Wenigstens dieses Mal solltest du also jemanden über die Arbeit drübergucken lassen, damit beide Teams in gleicher Mannschaftsstärke aufgestellt sind!

Bei der Abschlussarbeit heißt es ein letztes Mal: Kopieren, bis der Arzt kommt!

Binden lassen kannst du die Arbeit in jedem Copyshop um die Ecke, damit ist es in der Regel getan. Natürlich darfst du auch einen schicken Ledereinband aus norwegischer Finnwalvorhaut bestellen, der hervorragend zu den 290-Gramm-Seiten im Kate-Moss-Knochenfarbton passt, versehen mit einem edlen Lesezeichenbändchen, gewebt aus den Bauchnabelflusen des letzten Mohikaners. Im Normalfall steht der Kosten-Nutzen-Faktor bei solchen Arbeitsveredelungsmaßnahmen aber in keinem besonders vorteilhaften Verhältnis.

Ansonsten gilt: Während der Abschlussarbeit erleidest du noch einmal – ein letztes Mal – alle Höhen und Tiefen der wissenschaftlichen Textproduktion.

Zum letzten Mal musst du dir ein sinnvolles Thema überlegen und vor dem Dozenten rechtfertigen: „,Eine sozialpsychologische Untersuchung zur Bewältigung von Konfliktsituationen am Arbeitsplatz – am Beispiel von Homer Simpson' finden Sie nicht gut?!" Zum letzten Mal zögerst du den Beginn der Arbeitsphase bis zum allerletzten Moment hinaus. Zum letzten Mal polierst du deine Wohnung auf Hochglanz, stellst die Möbel um und fängst sogar damit an, deine Pflanzen zu gießen. Zum letzten Mal überwindest du dich: Du schreibst zum letzten Mal Sätze, die du selber nicht verstehst, verheddert dich zum letzten Mal in den unübersichtlichen Quellenangaben, fluchst ein letztes Mal derart laut über die Tücken der Textformatierung und schlägst so gewaltsam auf die Sofakissen ein, dass die Nachbarin die Polizei ruft, weil sie glaubt, jemand würde vergewaltigt. Zum letzten Mal fließen Schweiß und Tränen. Zum letzten Mal bleibt dein Herz stehen, wenn zwölf Stunden vor Abgabe dein Computer abstürzt. Zum letzten Mal verlässt du für 72 Stunden die Wohnung nicht und hast die Rollos den ganzen Tag runtergelassen. Zum letzten Mal erstellst du, ohne mit der Wimper zu zucken, im Anhang eine gelogene Urheberrechtserklärung.

Und dann ist es plötzlich vollbracht: Ende, aus, Feierabend! Alles Weitere liegt jetzt nicht mehr in deiner Hand.

Ein paar Wochen später hast du bestanden. Es hat hingehauen! Mit einem Schlag hast du dein Studium abgeschlossen! Einfach so! Ist das nicht unglaublich?! Gut, Ingo Nommsen und Michel Friedman haben das auch geschafft – aber es fühlt sich trotzdem großartig an! Was du begonnen hast, damals, vor scheinbar so langer Zeit, hast du heute zu Ende gebracht. Es ist einer dieser wunderbaren Tage, an denen sogar in Hodenhagen oder in Siegen die Sonne scheint – du begreifst, dass alles möglich ist, du musst es nur wollen!

Was du jetzt natürlich ganz besonders willst, ist feiern: dich, dein Studium und deinen Erfolg. Also, hau rein, lass es krachen – du hast es dir verdient!

I HAVE A TRAUMUNI!

Was wäre eigentlich, wenn du die Uni nach deinen Bedürfnissen umgestalten könntest? Was wäre, wenn das Undenkbare denkbar wäre? Wie sähe dann deine Traumuni aus? Platin-Kopierkarten, die niemals dahinschwinden, Studiengebühren, die du nicht bezahlen musst, sondern die an dich überwiesen werden, ein AStA, der den Arsch hochkriegt und wirklich mal was bewegt ... okay, wir wollen's jetzt auch nicht übertreiben! Meine ganz persönliche Traumuni besäße zum Beispiel ein kostenloses „Drive-in-Prüfungsamt"! Am Lautsprecher gibst du deine Bestellung auf, du sagst, welche Scheine und Unterlagen du dringend benötigst, am Fenster wird dir prompt alles druckfrisch ausgehändigt, und das Ganze kostet dich keinen einzigen Cent – und vor allem keine Nerven!

Ich finde, wenn es tatsächlich vorbei ist, nach gefühlten oder echten 18 Semestern, nach endlosem Seminarstress und grausamen Prüfungsqualen, blutig getippten Fingern und gnadenlos überzogenem Dispo („Eine Seite für 20 Euro, die ham sie doch nicht mehr alle bei ‚hausarbeiten.de'!"), muss Träumen auch mal erlaubt sein. Nur ein, zwei, vielleicht dreihundert kleine Verbesserungsvorschläge zum Schluss als Anregung, das muss drin sein! Also, auf geht's, die Augen schließen, zurücklehnen und dann das ganze Spielchen noch mal von vorne – aber diesmal nach meinen Spielregeln! Uniparadies, ich komme ...

An der Traumuni haben die Fakultäten unter der Woche durchgehend geöffnet. An der Traumuni geht die Woche von Montag bis Mittwoch. An der Traumuni wird Wikipedia als Quellenangabe akzeptiert. An der Traumuni dauert eine Semesterwochenstunde 20 Minuten. In der Bibliothek der Traumuni gibt es Regale, an denen steht, welche Bücher drinstehen. An der Traumuni geht den Kopierern niemals das Papier aus, wenn du grade extrem in Eile bist – und auch nicht der Toner! An der Traumuni entschuldigt sich der Prof bei dir, dass er schon angefangen hat, wenn du eine halbe Stunde zu spät zur Vorlesung kommst. An der Traumuni wird „Mensa" mit einem großen, gelben, geschwungenen „M" geschrieben. An der Traumuni muss der Prof einen Termin bei dir machen, um über die geplante Hausarbeit zu sprechen! Zu seinem Pech steht er immer genau dann bei dir auf der Matte, wenn deine Sprechzeit gerade rum ist. Die Traumuni ist über einen Shuttleservice zu erreichen, der immer fünf Minuten nach Fahrplanzeit losfährt – also erst dann, wenn du gerade mit nassen Haaren und offenem Hemd eingestiegen bist. An der Traumuni gruscheln dich die schönsten Frauen auf offener Straße. Und wenn du zurückgruschelst, gruscheln sie dich noch mal ...! So geht das den ganzen

lieben langen Tag. An der Traumuni kann man Angewandte
Konsolenspiellehre studieren. Und findet danach sofort einen
überdurchschnittlich gut bezahlten Job. An der Traumuni
kannst du dir deine eigenen Zeichensetzungs-, Rechtschreib-
und Zitierregeln ausdenken. An der Traumuni schmeckt der
Kaffee nach Kaffee. An der Traumuni gibt es keine Regelstudienzeit. An der Traumuni ist das Vorlesungsverzeichnis von
John Grisham geschrieben – du liest es in einem Rutsch durch,
weil es so verdammt spannend ist! Von der Traumuni aus führt
eine Pulverschneepiste zu einem Traumstrand mit einer Cafeteria und genügend freien Arbeitsräumen aus Bambusrohr. Und
egal wohin du gehst, die Empfangsqualität des Uni-WLAN ist
immer hervorragend. An der Traumuni hängen keine für alle
einsehbare Listen mit deiner Matrikelnummer und einer
schlechten Note dahinter auf den Gängen. An der Traumuni
gibt es gar keine Noten! Dafür kann jeder Student an jede Studentin unten am Strand politisch korrekt Punkte vergeben in
den drei Akademiker-Kategorien: „Face, Body and Pissonality"
An der Traumuni ist an jedem Platz ein „Bullshitbutton" instal-
liert: Für den Fall, dass der Prof zu ausschweifend wird, gibt
es nach Betätigen des Buttons eine Feueralarmübung für alle
Semester. An der Traumuni bestehen die bequem zu erreichen-
den Studentenwohnheime aus ebenerdigen 120-Quadratmeter-
Einzelapartments mit Flipper, Poolbillardtisch und Whirlpool
auf der Dachterrasse. Hauptsponsor der Traumuni sind nicht das
Land oder der Bund, sondern Heineken, Red Bull und Puschkin.
An der Traumuni können die Mädels im Sportstudium nur
zwischen Babyöl-Catchen, Oben-ohne-Ringen oder Trampolin-
springen wählen. Die Männer im Gegenzug nur zwischen
Turmspringen, Strip-Poker oder Wellenreiten – die Unter-

richtsstunden sind öffentlich, es darf fotografiert und gefilmt werden. An der Traumuni stinken die Fahrradecken nicht nach Pipi, und alle dort abgestellten Fahrräder werden während der Vorlesungen kostenlos repariert und aufgemotzt. An der Traumuni werden Fremdsprachen auf Unikosten grundsätzlich nur in dem Land gelehrt, in dem sie auch gesprochen werden. An der Traumuni schenkt dir während der Vorlesung hübsches Dienstpersonal kalte Getränke ein und massiert dir den Nacken. An der Traumuni kannst du chinesische Fachkräfte engagieren, die für dich das Referat halten – auf Chinesisch. Aber egal, Noten gibt's ja nicht! An der Traumuni liegst du die meiste Zeit am Strand und vergisst alles um dich herum: das Studium, die Welt und den Strandverkäufer neben dir, der immer noch auf seine zehn Euro für die Original-Ray-Ban-Brille wartet.

Dein Fahrrad mit schicker Schildkrötenhupe – die Traumuni macht's möglich!

Mit jeder Menge Sonne im Gesicht und ein bisschen Gras in der Lunge, plätschernden Wellen und lachenden Mädels, ahhh, so lässt es sich doch aushalten ... Moment mal, wenn ich recht überlege, dann war der Spanienurlaub gar nicht so weit weg von der geträumten Traumuni! Fehlt eigentlich nur noch die Schneepiste zum Strand – okay, und die Traumuni! Aber wer weiß, bei den ganzen Bauruinen, die an den spanischen Küsten so rumstehen, da könnte man doch prima eine umfunktionieren! Wieso denn nicht? Könnte ja sein! Das Wichtigste ist doch, dass man nie aufhört zu träumen!

NACHWORT

Das war's! Studium durch. Exmatrikuliert. Riesenparty geschmissen. Gefeiert und getanzt. Und jetzt?! Tja – im Grunde sind wir jetzt wieder ganz am Anfang angekommen. Das eine große Kapitel abgeschlossen und schon beginnt das nächste! Keine Frage, du hast viel dazugelernt, du hast in Vorlesungen Dinge erfahren, die du vorher nicht wusstest, und in WG-Kühlschränken Sachen gesehen, die du lieber nicht gesehen hättest. Du bist reifer geworden, aber im Gegensatz zum Käse im Kühlschrank hat dir das nicht geschadet! Im Gegenteil! Rückblickend bringt dich die ein oder andere Sache natürlich zum Schmunzeln: Warst du das, der da im ersten Semester orientierungslos über den Campus geirrt ist? Hast du am Anfang gedacht, Audimax wäre ein Freeware-MusicPlayer? Du bist älter geworden und klüger, so viel ist sicher! Du hast eine richtungweisende Zeit in deinem Leben erfolgreich hinter dich gebracht. Darauf kannst du stolz sein! Viele andere sind unterwegs auf der Strecke geblieben oder haben sich in Sackgassen verirrt. Auf sie wartet jetzt ein arbeitsintensives, urlaubsarmes Leben als Lehrer.

Und was machst du? Du stehst jetzt wieder mal an einer Schwelle – genau wie nach der Schule. Und lass dir bloß nichts einreden von wegen Arbeitsplatzmangel und Zukunftsungewissheit. Angst und Panik sind was fürs Marc-Terenzi-Konzert! Mit dem wahren Leben hat das nichts zu tun! Und das wahre Leben beginnt genau: jetzt! Du hast das Studium geschafft – stell dir vor, was du noch alles schaffen kannst! Das war erst der Anfang, zum warm werden war's nett, aber jetzt wollen wir doch mal sehen, was das Leben sonst noch zu bieten hat!

Viele sagen da wagemutig: „Genau, jetzt hau ich richtig auf die Kacke! Jetzt mach ich – ein Zweitstudium!" Das ist clever gedacht, und die Aufnahme eines Zweitstudiums würde gewissermaßen auch eine Fortsetzung dieses Buchs rechtfertigen. Aber mit einem Zweitstudium ist es ja in der Regel wie mit jedem Sequel – ganz nett, aber nicht so spannend wie Teil eins. Aufregender ist was Neues! Die Welt braucht junge, qualifizierte Menschen wie dich! Wenn du dich ein wenig geschickter anstellst als die Kölner beim U-Bahn-Bau und auch noch ein bisschen Glück hinzukommt, ist ein Universitätsabschluss der Freifahrtschein für ein Leben in Saus und Braus! Leuchtende Beispiele gibt es in Hülle und Fülle: Männer und Frauen mit Universitätsabschluss sind zum Mond geflogen, haben die Tiefsee erforscht, weltberühmte Opern komponiert und Tampons mit gedrehten Rillen entwickelt! Akademiker stehen hoch im Kurs! Sind gefragt wie nie! Auf Akademiker wie dich warten Singles mit Niveau – und das nicht nur im Internet!

Wagen wir zum Schluss einen kleinen optimistischen Ausblick. Was kannst du jetzt bloß alles tun?! Die Möglichkeiten sind elektrisierend: Du kannst die ganz große Karriere machen und am Ende des Monats noch problemlos zweistellige Beträge von deinem Konto abheben. Du kannst dich sozial engagieren, du kannst die Welt bereisen und andere Kulturen entdecken – die Antarktis, Asien und das Sauerland warten auf dich. Du kannst Wissenschaftler werden – Journalist, Arzt, Politiker, Künstler, aber auch Comedian ... du kannst jetzt alles tun und lassen, was du willst. Die Zukunft gehört dir, was du draus machst, ist deine Sache!

Nur eins steht fest: Wann immer du zurückblickst, in ein paar Minuten oder in ein paar Jahren. Wann immer du dich an deine

Studienzeit erinnerst, wirst du lächeln und denken: Mensch – ich war schon viel zu lange nicht mehr richtig betrunken! Nein, natürlich wirst du an die unzähligen Gelage denken, die das Studium mit sich gebracht hat, aber auch an die unzähligen Stunden, Minuten, Sekunden in der Bibliothek und den literweise getrunkenen Kaffee. An deine Nachbarn, die ständig die Polizei gerufen haben, an die Professoren und die mit Ach und Krach bestandenen Klausuren, an deine WG-Mitbewohner, an deine 1.178 Freunde bei „studiVZ", an deine Unistadt und an all die verrückten Leute, denen du dort begegnet bist. Und dann wirst du mit Sicherheit lächeln und denken: Mensch – was war das für eine geile Zeit!

 Herzlichen Dank an Silke, Alexandra, Simone, Bernhard, Steffi und das ganze Langenscheidt-Team!
Vielen Dank auch an Töne, Katha, Jonas, Heiko und alle bei MTS! Und besten Dank an Matthias für die Fotos!